随行記録
廣池千九郎博士の教え

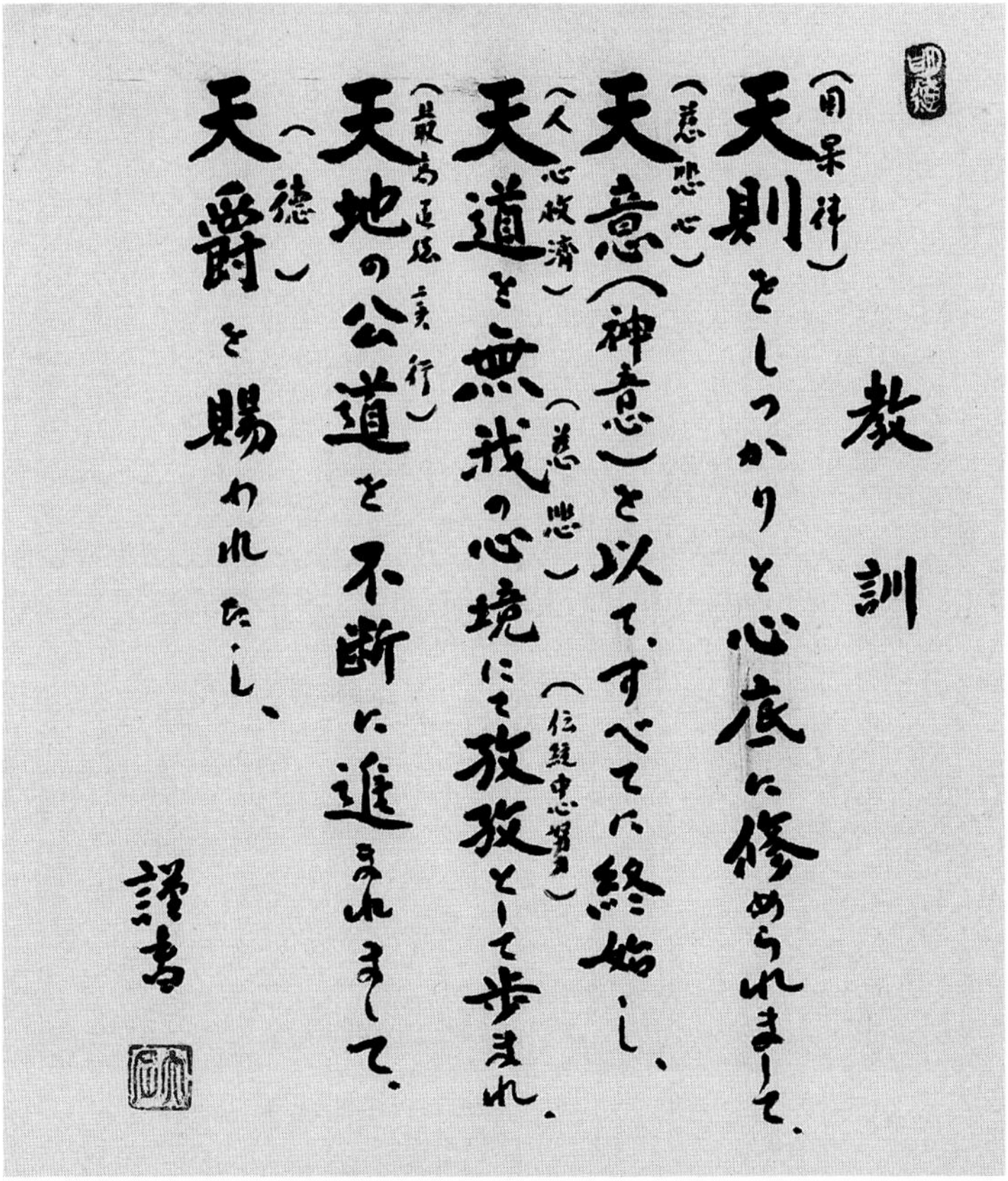
教訓

天則（因果律）をしっかりと心底に修められまして、
天意（慈悲心）（神意）を以て、すべてに終始し、
天道（人心救済）を無我（慈悲）の心境にて孜孜（伝統中心努力）として歩まれ、
天地（最高道徳実行）の公道を不断に進まれまして、
天爵（徳）を賜われたし、

謹書

広池博士は、昭和 12 年 5 月 17 日、関西・九州をご旅行された折に、滞在先であった博多の矢野氏宅にて、最高道徳の核心を諭されました。これは、その時話された教訓の要点を書き記したものです。この時、さらに「『天とは神（仏）である』と解することによって、自然の法則を人格的に観ることとなり、そこで私達は最高道徳の実行に進むことができる。因果律は天地自然の法則の本質である。万物を平均、調和させ、それらを進化共存させている。これモラロジーの原点なり」と申されました。

畑毛記念館にて講話中の筆者（平成 3 年 11 月）

まえがき

本書は、モラロジー研究所畑毛記念館（静岡県）に来訪された方々に対しての講話を中心に編集したものです。この数年、畑毛記念館を訪れる会員の方が増加し、御殿場生涯学習センターの講座や麗澤高校・麗澤瑞浪高校の校外授業、さらに各支部や事務所を単位とした研修、また個人的に博士を偲ぶために来訪される方々などに、年間百数十回の講話をさせていただいています。

実は、私は平成二年一月十四日、本部での特別講義の後に心不全にて倒れて以来、ドクターストップとなり、出講を控えています。しかし、畑毛記念館の責任者として、また広池博士晩年の書生としての使命を思い、来訪される方々に、在りし日の博士のご様子や、当時うかがった広池博士の教えをお伝えさせていただいています。

講話をさせていただいている時に、ふと博士が講話をされている時のことを思い出すことがあります。それは文字どおり「必死」の姿です。講話の中でもその時の様子をお話しいたしますが、博士は突然の来訪者に対してでも、常に必死の覚悟でお話をされていました。ある時、側近の方が博士の容体を案じて、今日は少しお休みになってはいかがでしょう、と申し上げたことがありました。その時、博士は「わざわざ来られた方を救わないでいられるか」と一喝されたことがありました。少しでもお休みいただきたいという私たちの心も十分に理解され、そのうえで申された言葉であると思います。人心の救済を神様に誓ったのだ、その約束を違えることは絶対に許されないのだ、という信念であったと推察いたしました。

畑毛記念館での講話は、対象者により、また聴講される方の関心により、多様な内容ですが、私としては博士の教えをそのままの形でお伝えしたいと念じております。そして、広池博士のいわゆる「言外の真理」ともいうべき最高道徳の要諦《ようてい》にかかわることを主としています。たとえば神仏の認め方、祈り方、因果律の信じ方、悟りの心というように、文章では十分にお伝えできない部分を中心として、博士の指導の仕方をお伝えすることに主眼をおいています。

そして、この「言外の真理」を現実の社会生活、家庭生活の中でどのようにして生かしていくか、どのような心で、どのような行動をとることが最高道徳の実行なのか、という点に焦点を絞ってお話しさせていただいております。広池博士はどのようにモラロジーを説かれたかを知ることによって、私たちは、モラロジーに対してどのように臨んだらよいかを知ることができると思います。

来訪される方の中には、モラロジーはたいへん難しいものだ、という感想を述べられる方があります。しかし、私たちが広池博士から直接に承ったモラロジーの教えは、決して難しいものではありませんでした。むしろたいへん身近な、思わず行ないたくなるような教えでした。たとえば、モラロジーの教えに「自我を没却する」とあります。これはたいへん難しい教えであると思います。自我（利己心）を取り去るなど並たいていのことでできるものではありません。そこで、モラロジーの教えは実行することが不可能なほど難しい教えであるという印象を抱いてしまうのです。

しかし、私は博士より「自我を没却しなさい」などという教えは一度も承ったことがありません。博士は「相手の幸せを思うことに努めなさい」「人のことを思いやろう、幸せになっていただこうと日々努力していくうちに、自我は自然に取り払われていきます」と繰り返し指導されました。そして、人のことを思いやって行動した時の心の豊かさ、楽しさを諄々《じゅんじゅん》と説いていただきました。それを聞いて〝私にもできそうだ、ぜひ実行してみよう〟と意を決したことを思い出します。「自我」を取り去ろうとして自責の念にかられているよりも、相手のことを思いやり、幸せになっていただこうとして努力するほうが、よほど明るく積極的で、前向きな生き方です。そして、何よりも実行しやすいのです。博士から直接に教えを承った当時は、なにぶんにも二十歳前の青年でしたので、博士の教えの内容を十分に理解できないことがたくさんありましたが、以来、六十年以上、その教えを心の中で反復していますと、博士のおっしゃったことに、心からうなずけるようになりました。

そこで、さきに述べましたように、私自身、病に倒れたのをきっかけとして、あらためて自分の使命というものを考えさせていただきました。つまり、在りし日の広池博士の教えをお伝えすることにより、皆様にモラロジーの原典の奥に込められた偉大な道徳的生命を心に納めていただき、皆様の身口意一致の最高道徳の実行を祈念させていただくことが、私自身の役割であると考えております。そのためには、広池博士の教えをできる限り忠実に取り次いでいくことが大切だと思い、主観を交えず、十代の澄んだ心に映った博士の姿や言葉をお伝えしなければと決心した次第です。

ここに収録しました七つの講話は私が説いたものではなく、広池博士によって植え付けられ、そして、聴講される方々の熱意によって引き出されてきたものであると感じます。広池博士ほどの努力はとてもできませんが、壇上に立ち、また膝を交えてお話をする時に、私自身博士の心に少しでも近づきたいと願っております。

皆様がすでに学んでこられたモラロジーに関する知識と、ご自身の体験とを通して心静かにお読みくだされ、広池博士の教えの広さ、深さといったものを心に納めていただければと考え、本書を出版する意を決した次第です。

現在六百余本のカセットテープにすべての講話を収録し保存してありますが、その中から七本を選び、ここに一冊として編集いたしました。話し言葉として冗長な表現もありますが、できるかぎり講話の口調を留《とど》めたいという意図から、このような体裁をとりましたことをご了承願いたいと存じます。さらに、一つひとつの講話を完結したものとしてお読みいただくために、内容上、重複する箇所がありますが、講話の流れを重視し、そのままの形で収録いたしました。

平成六年三月二十七日

伊豆　畑毛記念館　富岳荘にて　　著者識す

随行記録

廣池千九郎博士の教え

目次

目　次

扉題字　井出　大
表紙カバー絵
筆者が描いた「寒の地獄」における
広池博士の原稿執筆の様子

目　次

本書は、筆者がモラロジー研究所柏生涯学習センター「論文研究講座・概説講座」の特別講義で話された内容、御殿場生涯学習センターの「センター講座」「青年講座」の特別講義として畑毛記念館（富岳荘）において話された内容、さらに直接に畑毛記念館を訪れた方々に対する講話の内容七編を掲載いたしました。

各講話は、筆者が晩年の広池千九郎博士に随行されて見聞・体験したことをもとに、聴講者に応じて展開されており、それぞれの講話が完結しています。そのため、構成上・内容上は一部重複していますが、講話の流れを大切にして編集したためであることをご了解ください。

平成六年八月十日

広池学園出版部

広池博士の教え（一）

はじめに

平成二年一月十四日、柏生涯学習センター「論文・概説講座」における特別講義（大講堂）

皆様におかれましては、もうモラロジーは十分に研究していらっしゃいますので、いかにして最高道徳を実践するかということが一番問題です。私自身、広池博士の書生としてお側でお仕えさせていただきました三年弱の期間の体験をお話し申し上げ、この実践という問題を考えてまいります。

広池先生は、座談的にお話をなさる時には、必ず最高道徳のほうから逆にモラロジーを説明されました。そうしますと非常によく分かるのです。勉強する場合には一章から順を追って進めていくのが正しい方法であるわけですが、しかしながら実践という立場から読まなければ一章から十五章まで原典を読んでも、なかなか全体像をつかむことは難しいのです。『道徳科学の論文』（以下『論文』と略す）の一章から十五章までは、モラロジーの体系を分解して説いているのです。その前に自序文がありま す。ここを熟読玩味しておきませんと、一章から入った時に、もう入り口からまちがってしまいます。

では、どのようなまちがいをするのでしょうか。これから広池博士より直接におうかがいしましたいろいろなお話や教訓を列挙してまいりますので、今日までに培われたモラロジーに関する知識でもって、これを理解していただきたいと思います。私は一切脚色いたしません。先生から教えていただいたとおりに、そのまま素直に皆様にお伝えいたします。皆様はこれを立体的に把握してください。

立体的に把握するとはどのようなことかというと、情理円満に、つまり理論の上からも感情の上からも理解するということです。感情というのは道徳的な精神作用ということです。この理論と感情というものが渾然《こんぜん》として一体をなしていなければならないのです。ややもすると理論に傾きます。ややもすると感情に傾きます。そして、なかなかモラロジーの本質を理解することができなくなってしまうのです。道徳の必要性を理論の上からも感情の上からも理解していくことができるようになっているのが、このモラロジーです。

「モラロジー」とは何か

私は、この大講堂の壇の上に立ちますと、広池先生を背後から支えていたことを思い出し、昭和十一年、十二年、十三年という時代の記憶が蘇《よみがえ》ってまいります。先生の息づかいが思い出されます。お顔もはっきりと見えてまいります。先生のお体に触れた時の白金カイロの温もりなどがはっきりと蘇ってまいります。先生は「とこしべに我が魂はここに生きて、御《み》教え守る人々の生まれ更《か》わるを祈り申さん」と辞世の言葉を遺されていますとおり、この大講堂に来られて、皆様をちゃんと見守っていらっしゃいます。このような精神を持つことが、道徳的感情を持つといった場合の基本であるのです。

モラロジーは、たしかに理論的に整然とした体系をもって構成され、科学的な実証性を重んじてつくられております。しかし、その内面に潜むところの「最高道徳」については、このような深い道徳的感情を持つことによって初めてジーンと胸に響き、何かしら胸に熱く感じるものです。

この感情を抱くことによって、私たちは初めて「至誠慈悲」という精神作用に移っていくことができるのです。やがて、この精神が活動して人心の開発救済となり、初めて「天地の公道」を歩いたということになるのです。「天地の公道」は利己的な精神では歩くことができません。なぜに聖人が聖人となったのか。それは「天地の公道」を歩まれたから聖人となったのです。言い換えれば、聖人は至誠慈悲の精神に基づくところの義務先行が多かったために聖人となられたのです。この義務というものの中に最高道徳の実践原理が含まれているのです。

さて、皆様は「モラロジーとは何ですか」と、後進の方から質問された時に何とお答えになるでしょう。おそらく「道徳実行の効果を科学的に証明したものです」とお答えになると思います。もちろん、これでまちがいではありませんが、先生は、「これでは因襲的道徳を証明したものであるかのようにとられてしまう」と申され、「モラロジーとは何ですかと聞かれたら、天地の法則を科学的に証明したものですと答えなさい」とおっしゃいました。「では、天地の法則とは何ですか」という質問が返ってきます。そうしたら、何と答えるかというと、「自然界の秩序をじっと観てごらんなさい、自然界の法則は進化と退化の二つの法則からなっています」と。この「進化

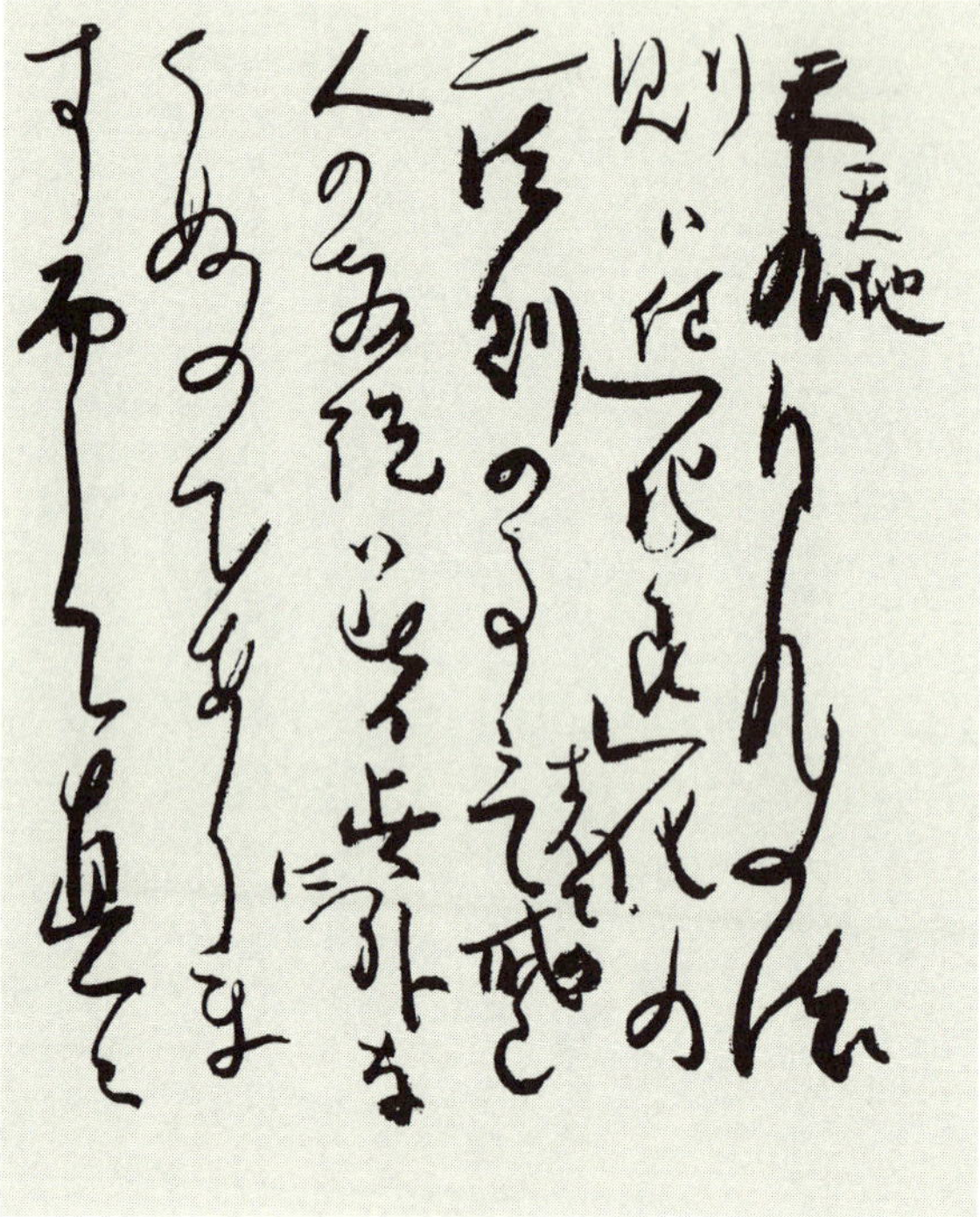

資料①

天地自然の法則は進化、退化の二法則の事にて、すべての聖人の教説は皆此に外ならぬのであります。……

と退化の二つの法則」ということを聞いた時点で、私たちは何かを悟らなければならないのです。このことについては、右の遺稿**（十八ページ、資料①）**をご参照ください。

「進化」のほうは、慈悲を本としたところの精神作用と行為の累積によってなされるのです。これに対して「退化」とは、利己的な心を本としたところの精神作用と行為の累積の結果です。ここで初めて、進化のほうにいくには、どのようにしたならばよいのかと考えます。ここに慈悲に基づくところの道徳、すなわち最高道徳ということが出てきます。

道徳について、先生は最高道徳、普通道徳もしくは因襲的道徳、不道徳という三段階をもって説明されています。このことも皆様は十分にご存じのとおりです。すべてのものを生成化育していくという精神に基づくところの「最高道徳」、言い換えれば慈悲の心に基づくところの精神作用と行為です。利己的本能を土台にし、表面上は巧言をならべ、うまくやっていこうとするところの「普通道徳」。そして、「不道徳」は利己的本能が露骨に表面に表われて、相手を蹴散らしてでもやっていこう、儲けてやろうとするものです。

先生がまだ「最高道徳」という言葉を使用されていない時代の文献を読ませていただきますと、「上道徳、中道徳、下道徳」という言葉を使用されています。上道徳が「最高道徳」です。道徳の程度について述べられているのは、大正時代の中頃からのことです。当時は次のような言葉で説明されています。

上道徳……自分善をなし迫害せらるるも、自己の不徳を反省して慈悲寛大の精神をもって相手を遇する者。

中道徳……自分善をなして迫害せらるることを忌《い》み怒る者。

下道徳……自分悪しくして罰せられることを忌み怒る者。

道徳の程度を端的に示したものと考えられます。

道徳的感情を懐く

次に、道徳的感情を懐くということについてお話し申し上げます。現在、広池千九郎記念館に二十数万点の遺稿が保存されています。その一部のコピーをここに持ってまいりましたが、ご覧いただいてお分かりになりますように、みな読みにくいものばかりです。そのような読みにくい文字をなぜお書きになられたのでしょうか。

これらは病身の先生がお書きになったのです。お熱が高い、目がかすんでくる、このような状態にある先生がまともに文字を書けるはずはないのです。斜めになっている文字もあり、重なって書かれている文字もあります。この文字は、私たち側にいた者が、板に紙を張り付けまして、それを先生のお顔に合わせて持っているところへ、先生が仰向けになって寝て書いたものです。原稿にはところどころに黒い点がありま す。原稿をお書きになっていらっしゃる時にフッとめまいがくるのです。すると筆が静止してしまいます。筆が静止してしまいますと墨が滲《にじ》んで黒い点となってしまうのです。私たち書生は、博士が書かれた最初の文字を必ず記憶していないと、分からなくなって清書ができなくなってしまいます。清書しますとだれでも読むことができ、印刷所へ持っていっても、そのまま活字を拾ってもらえます。

ここで大切なのは、学者が文字を書いているというのではないということです。たとえば、麗澤館などで先生から「原稿」と言われますと、私たちはすぐに墨をふくませた筆と和紙を用意します。と同時に一瞬に静かになります。私たちは広池博士のことを「大先生」と呼んでおりましたが、「大先生はただいま原稿です」という伝達が台所まで伝わります。すると、お米を研《と》いでいても途中で休める、廊下を歩いていてもその場に座ってしまう、決してスリッパの音をさせない、というのが側近にいる者の態度です。

では、先生のご様子はどうであったかといいますと、まず「起こしてくれ」とおっしゃいます。布団の上に上半身を抱えて起こします。そして、炬燵《こたつ》の前に行きます。後ろから大きな綿入れをかけまして、白金カイロを胴体に巻きまして、そして前からお筆を渡します。お筆を渡しますと先生は静かにお筆を持たれて、そのまま頭を下げられ、祈ります。それから執筆に入ります。一枚書き終わって、また頭を下げられます。二枚書き終わって、また頭を下げられます。そして、三枚、四枚、五枚と書き続けられます。そうすると、筆をポッと置かれます。そして、「おまえはこれを床の間、神前に供えてくれ」と言われます。私たちは、先生の書かれた原稿を持って、床の間にお供えいたします。先生はそのままの姿勢で、体をご神壇のほうに向けて、じっと黙礼をいたします。それからお風呂に入られるか、お布団の中に入られるかです。

このようにして、先生は数え切れないほどの原稿を書かれたのです。それらの原稿は、すべて一文字一文字を祈り、重患の状態で側近者か書生に抱えられながら書かれたものなのです。私たちは、まず、このお姿に感動することによって、モラロジーを勉強し、最高道徳を実行しようという気迫が生じてくるのです。ここに焦点を合わせなかったならば、いくらモラロジーの原典を読んでも変わりません。活字を読んでも、この文字を書かれるのに先生はどのように命をかけられたのだろう、こんなに祈ってくれたのだ、こういう精神作用でもって読まなければ、十回読もうが、二十回読もうが、十年読もうが変わるものではありません。一文字読み、一ページ読み、ご苦労があったのだなという道徳的な感動の精神を抱き、尊敬の念をもって、「やらせていただきます。どうぞ私に真理をお教えください」というように、私たちの心に祈りが無かったならばだめです。

先生が命をかけてお書きになったのです。私たちも、たとい小さいながらも命をかけ、真剣に取り組まなかったならば、その深い深い深遠なる最高道徳の真理は、まずつかめないと思います。見えざるものを貴いと信じる信仰的精神作用はここから出ずるのです。各地方にて「偲ぶ会」をなぜ行なうのか、その理由がお分かりいただけると思います。

原因と結果

先生は見えない自然界をじっと観たのです。先生はよく私たちに話してくれました。「父からこう言われた。神仏のような精神の持ち主になれよ、すべてのものを慈しみ育てるという精神をもって行動せよ、それが本当の人間じゃ、分かったか」と。これがお父様である半六翁の教育であったそうです。先生は、このことを常に念頭におきながら勉強してこられました。そうしてみると、歴史上の事実、あるいは社会学的の事実からみて、出世した人、家が栄えた人、永続している家を調べてみると、すべて思いやりの精神をもって社会に貢献している人であるということがはっきりとしたわけです。

そこで先生は、これを歴史的事実に即して調べました。皆様のご存じのように二十代にして『中津歴史』や『史学普及雑誌』という書物や雑誌を出版されています。その中で「人類の行迹について一定不動の法則がある」ということを明記されています。ここで「天地間には一定不動の法則がある」ということは、一体何を指して言っ

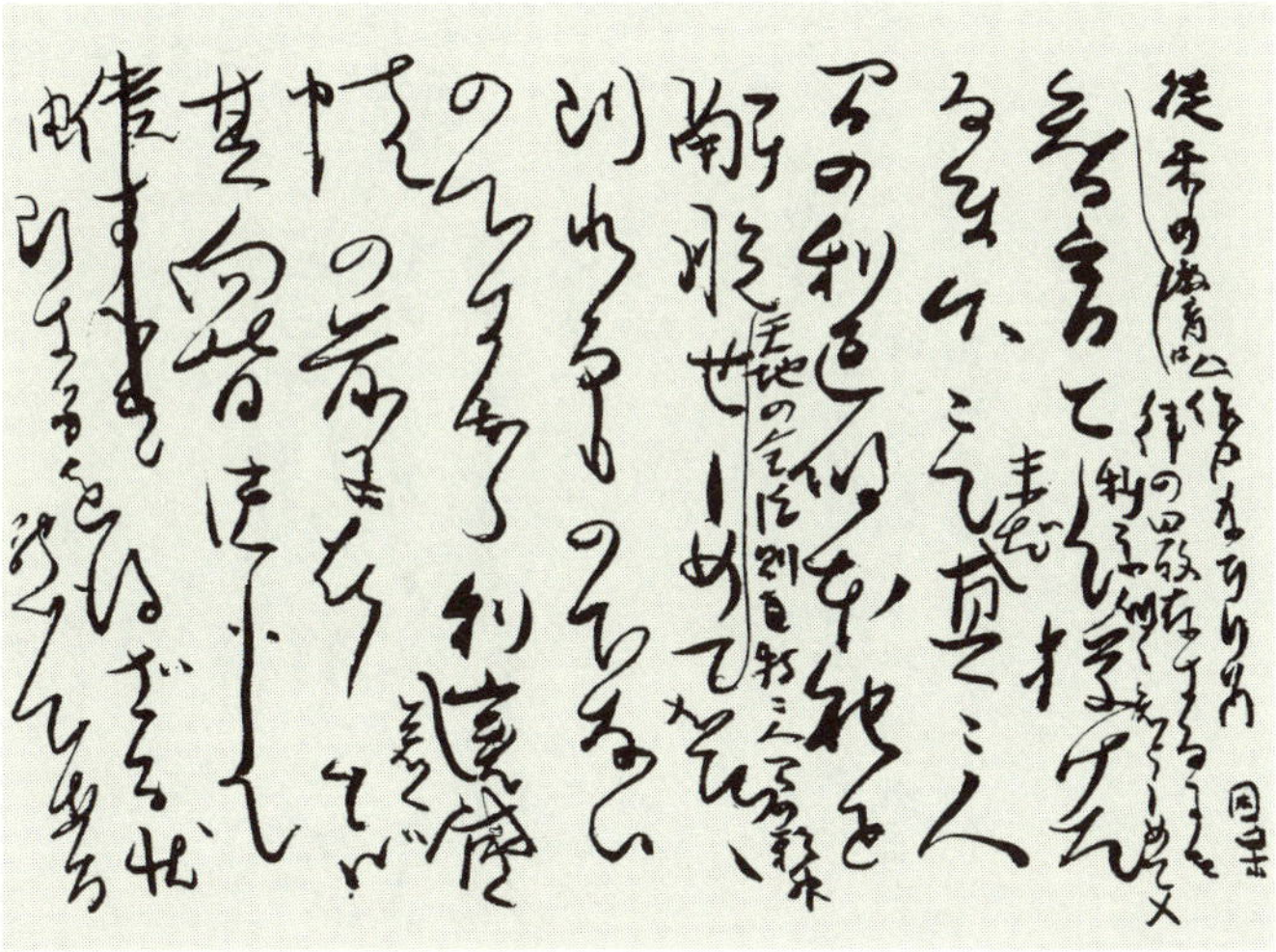

資料②

従来の教育は智育として授けたるまでにて未だ真に人間の利己的本能を解脱せしめて、天地の全法則特に人間の精神作用及び行為の因果律の厳存する事を科学的に知らしめて茲に到れるものでないのですから、利害若くは感情の前に在りては其向背決して油断するを得ざる状態である。

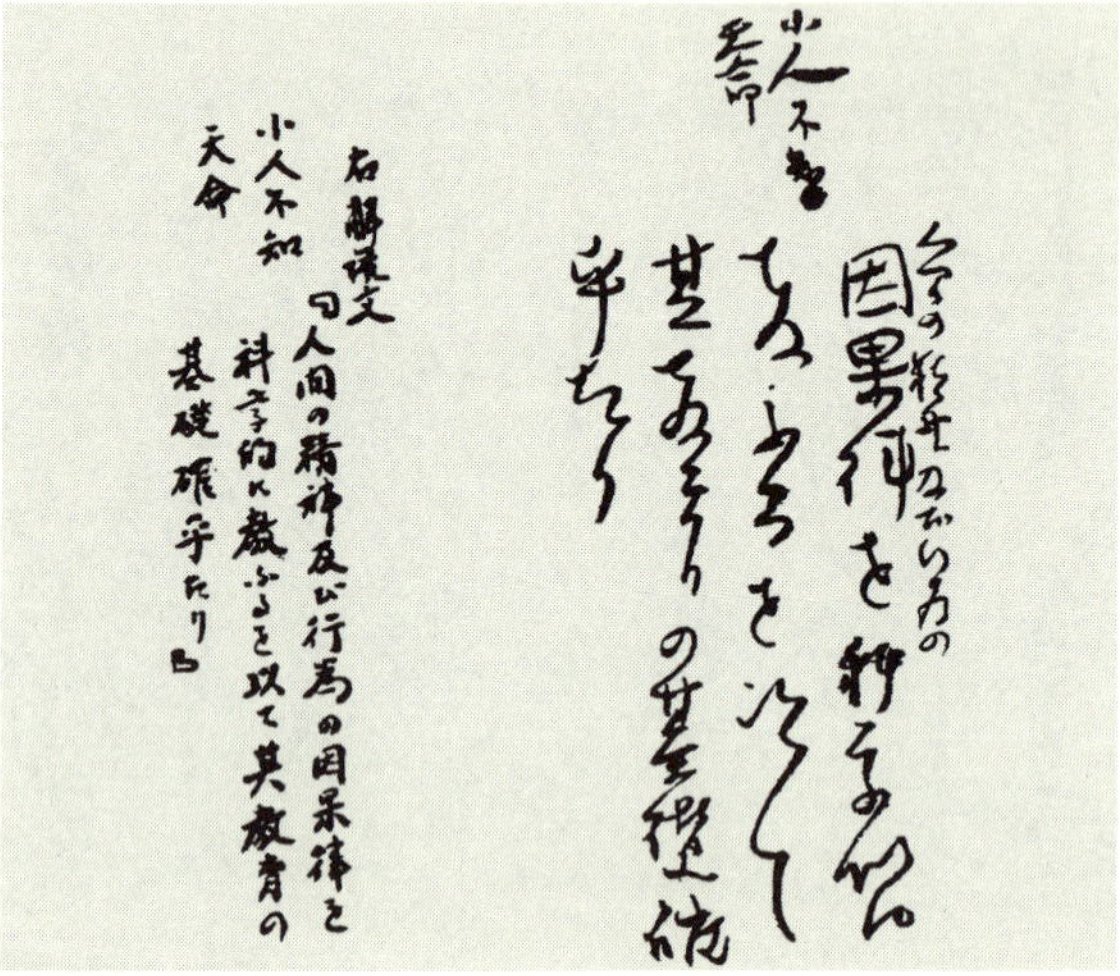
右解読文
曰「人間の精神及び行為の因果律を科学的に教ふるを以て其教育の基礎確乎たり」
小人不知
天命

資料③

小人不智
天命

人間の精神及び行為の因果
律を科学的に教ふるを以て
其教育の基礎確乎たり

ているのかということです。これはモラロジーの一番の骨幹となるところです。その原稿をここに持ってまいりました。

ここに書かれてあります、「天地の全法則、特に人間の精神作用及び行為の因果律の厳存することを科学的に知らしめて」（二十五ページ、**資料②**）、そして「人間の精神及び行為の因果律を科学的に教えるをもって、その教育の基礎確乎たり」（**二十六ページ、資料③**）、このことが『道徳科学の論文』の底辺にしっかりと踏まえられています。つまり、すべてのものは原因と結果とによってでき上がっているのだということです。従来から因果という言葉はずいぶん多く使われていますが、あいまいであったために善人、賢人といえども知らず知らずのうちに悪事を犯してしまった、自分で自分をごまかしながら悪いことをしてしまう、これが現在、社会が混乱に陥った原因である、ということを申されています。

そこで、すべてのものが原因と結果から成り立っているのであって、偶然も奇跡も突発も、こういうものは、この宇宙間に存在していないということを、先生ははっきりと示されています。進化の法則に適《かな》った精神作用をもって実行くださるならば、あなたの人格は向上し品性は完成し、その家は永続しますよということをお書きになっています。モラロジーは個人の人格の向上と品性の完成とその家の永続のためにつくったものであって、そのことを書いてあるのが『論文』であると申されています。その手段、方法として人心の救済が説かれているのです。つまり他人を愛すること、大事にすることです。ここに先生の教えの終着点があります。

因果律の一番大事なところは、皆様ご存じの格言「他を救うにあらず己を助くるにあることを悟る」にあります。相手を大事にすることによって、相手の人から「なんていい方だろう。すばらしい方だ」と、「あなたのおかげで家が円満になり、明るくなりました」と、このような言葉が戻ってきた時、これが善因善果の因果の法則を示しているのです。つまり私たちの、相手の人に幸せになっていただこうという、目には見えないところの精神力、祈る力、無我、至誠慈悲というものに対して、相手から「ありがとうございます」という感謝の言葉となって戻ってくるのです。これで、相手へ渡したものが、確かに戻ってきたということがお分かりいただけると思います。因果律の説明に皆様はたいへん苦心していらっしゃるようですが、このように簡単に説明すれば十分なのです。

先生はもっと簡単に説いています。「悪いことをしたらば罰があたりますよ」、「よいことをしたら神様、仏様からお守りがありますよ」。これは因襲的道徳で昔から言われていることです。これを何げなしに聞き流しておったのですが、実は宇宙の大真理であったのです。これを先生はもっと分かりやすく、「相手を大切にすれば、あなたも大切にされますよ。人を粗末にすれば、あなたも粗末にされますよ。これが自然界の偉大な法則です、真理ですよ」と説明されています。『論文』のほうでは、このことを天地自然界の大法則として、平均法という言葉を用いて説いています。

このように、すべてのものは原因と結果とによって成り立っているということを、まず私たちは理解し把握しなければなりません。先ほど申し上げました「進化と退化の法則」の教えに接した時点で、このことに気づかなければなりません。これがモラロジーを勉強する場合の底辺に入っていなければならないのです。そして、これをいかに生かしていくかということが大切になるのです。

この原因と結果との法則は一切目に見ることはできません。しかしながら、各自一人ひとりのご実行を振り返ってみれば、大なり小なり、皆様はすべて経験済みなのです。

相手をよく思った時、相手を大切に思った時、そして、その心を行為として表わした時、なんとなしに自分の心の中にすがすがしいものが残ります。なんとなく明るい、ほほえましい気持ちが残ります。今度は反対に、いやなことをして帰ってくると、あの人にあんなことを言わなければよかったなあ、さぞかし不愉快に思っているだろうなあと思います。この後はどうなるかは、『論文』の第四章を読んでいただきたいと思います。心理学と生理学との記述のところです。ここで述べられていることをよく読んでいただきたい。

いやなことをしたなという精神作用は、たちまち私たちの循環器、消化器に影響を及ぼし、食欲不振に陥ります。あるいはかっかっと怒った時には、唾液の分泌が滞って喉《のど》がからからに渇きます。それは精神作用が唾液の分泌を止めてしまったのです。あまり自覚はなくても、体の中はバランスを崩してしまっているのです。そうすると食べた物は完全な消化をいたしません。これは、自分自身に向いてくるところの因果律です。食欲不振に陥る、いらいらする、不眠症に陥る、こういう結果になってまいります。

その人が山の中で一人で生活をしているならば問題はないのでしょうが、家庭がありますから、家族や周辺の人々に不快感を与えます。「またお父さん、怒っているな」

「お母さん、今日はプンプンしているな」と子供が思います。子供は非常に不快感を持ち、「いやだなあ」と思います。そこで親に対する尊敬の心は薄れていきます。このように、一つの精神作用が行動に表われた時、周りの人に明るく接することができるか、人に不快感を与えていないだろうかと、よく考えなければなりません。

思いやりの心

また私たちは、道徳の勉強を通じて、人様の安心・平和・幸福を祈りなさいと教えてもらっています。そして、そのように実行しておりますが、案外気づいていないところがあります。それは「人様」とはだれをいうのかということです。つい、隣の人のように思ってしまいますが、実は自分以外の人が「人様」なのです。二人以上が団体であるならば、夫婦の場合、人様とはだれであるかというと、ご主人にとっては奥さん、奥さんにとってはご主人が一番身近な「人様」です。ここに愛情、思いやりがなかったら、道徳は発生しません。両親が作り出すところの環境によって、子供の心に「なんと私の両親はすばらしいのだろう」という精神が生じてきます。僕も父の真似をしよう、私も母の真似をしようと思います。これが安心・平和を実現している家庭であると、先生は教えていらっしゃいます。

人様のお宅に行って「慈悲寛大」とか、「天地の法則」とかを説くことが人心救済であると思いがちですが、実は道徳実行は夫婦間、家庭の中からと、あれほど先生がおっしゃっているのに、残念ながらなかなかご自身が実行していないということです。自己反省ができていなくて、相手を打ってしまう、自分の愛情の足りなさを少しも反省していない、モラロジーという理論を知っただけで、あたかも精神ができたかのような錯覚に陥っているのです。モラロジーの人心救済は、しゃべることではありません。天地の法則に従い、先生の述べています最高道徳の広い原理に従いまして、素直にこれを実行することです。この素直な行ないとは「伝統祖述」ということです。伝統の精神を継承して、それを素直に現実の生活の中で生かしていくことを「祖述」といいます。

この教えに素直に従うとどうなるか、ここで実行の標準を申し上げます。「私たちはだれから助けられたのか」について、モラロジーを学び、だんだんと年月が経って

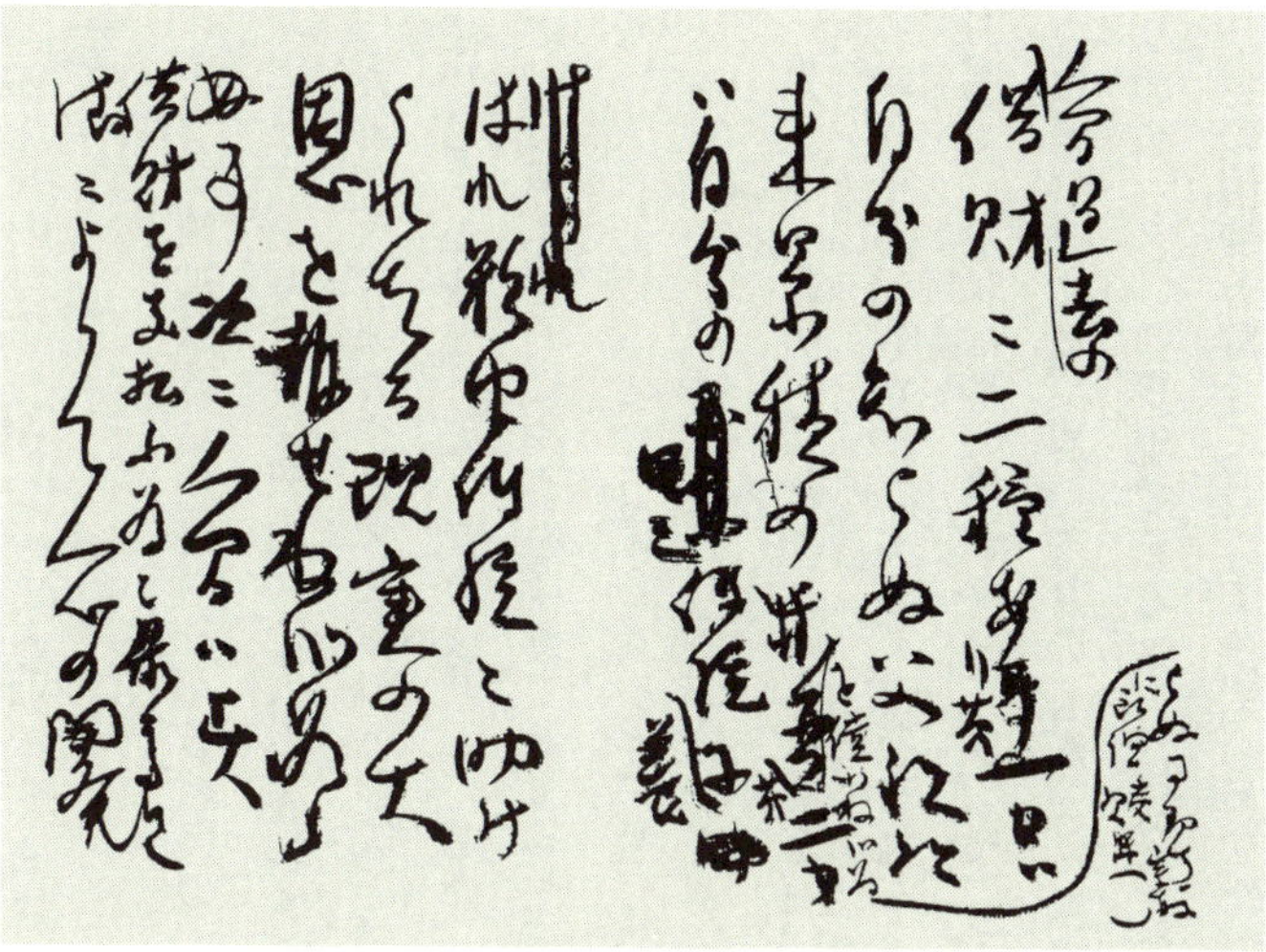

資料④

人間過去の借財に二種あり、第一には自分の知らぬ父祖以来累積の罪悪を償はねば為らぬ事、即ち宗教に所謂贖罪。第二は自分の三伝統に養はれ、精神伝統に助けられたる現実の大恩を報ぜねば為らぬ事。次に、人間は此借財を支払ふ為に、最高道徳によりて人心の開発……

くると、ハッと気がつくときがあります。このことについての博士の原稿がありま
す。

まず「精神伝統に助けられたる現実の大恩、これに報いなければなりません」と述べられてあります（三十三ページ、資料④）。私たちはそれまで善悪の標準も知らなかったのです。また自然界における原因と結果との法則は、瞬時のいとまもなく循環していることをまったく知りませんでした。何があっても人が悪いと考え、自分を中心に、自己中心的に物事を考えてきました。自分のお気に召す人はいい人、お気に召さない人は悪い人という観点をもって暮らしてきたのです。それを根底から変えていただいたのです。

先生は、最初「慈悲」という言葉を使います。「慈悲」という言葉を使われますと、当時私たちは若かったもので非常に難しく感じます。とても仏様のような心になどなれるものではないと考えがちです。そこで博士は、これを「思いやりの心」というように言い換えて、思いやりの心がどんなにすばらしいかを説明されました。「思いやりの心」という表現であると、「自分にもできそうだな」と思えます。この「思いやり」の精神を持つことによって、あなたが幸せになると教えてくださったのが、広池

先生です。その大法則を私たちは全く知らなかったのです。これを諄々と歴史上の事実、社会学的事実を踏まえ、さらに自然科学の原理によって実証し、それを博士が命をかけたご体験によって裏づけようとされたのです。先ほど申し上げたように一文字書いては祈り、めまいしながらも人の幸せを祈りつつ書かれた先生の姿を思い起こさなければなりません。

広池博士は極度の勉学のために大正元年に大患に陥りました。その時、お医者さんが奥様に向かって、「あと数時間ですよ、あなたのご主人は」と言われたそうです。そのお医者さんの声が、微かに遠いところから博士には聞こえて来たそうです。その時、「ああ、私はここで死ぬのか。もう少し社会のために尽くしたかった、情けない」と思ったと申されました。いったんは落胆したのですが、先生は思い直されたのです。そして、両親の御霊を通し、天の神に向かって「命をお預けいたします、必ずお手伝いをさせていただきます。すべての名利《めいり》をここで打ち捨てます。どうぞお願いいたします。必ず人類の安心・平和の実現のために貢献させていただきます」とお誓いになったとうかがいました。それから二十年間の延命をお願いしたのです。そこで、まず自分が神意に同化しなければならないとして、身口意一致をお誓いになり、そして徹底した宗教的体験に入られたのです。このことによって、いかに「祈り」や「信仰的精神作用」というものが人間を変化させるか、正しい学問によって裏付けられたところの精神作用が、いかに偉大な力を有するかということを知ることができたのです。

「祈り」

皆様は「神意同化」という言葉をご存じと思います。私たちが正しい学問によって、人様の幸せをひたすら祈る、この「祈る」という精神作用と行為によって、神、仏と同じ水準にまで上がり得るのであるということを、先生は身をもって私たちにはっきりと証明されています。

最高道徳は特定の人しかできないのか、あるいは一般の人にも実行することができるのかを、先生は生物学的、人類学的にこれを徹底的に追究しています。いかなる人も正しい知徳一体の学問さえあれば神、仏になり得るのであるという確信をもってモラロジーはでき上がったのです。先生は命がけの体験をなされ、「自分が体験をしなかったならば、人様に最高道徳の実行などということは申し上げられない」、「食べたことのないものは、食べたふりをしてもだめなんだぞ」という言葉が、幹部の教育の時にありました。ただ説明書きだけ読んで（先生は説明書きのところでモラロジーと言い換えられました）、「これはいいからやれよ」と人様にお薦めするのではなく、実際自分が食べてみて、このようになったのだから、あなたもこれを食べてごらんなさいというように、自分が本当にやってみて、その効果、その味わいというものを実験し体験し、その効果を実現して初めて、その人の心、言動に非常に大きな威力があるということが示されるのです。

その威力とは、どうぞ幸せになっていただきたいと祈る心です。モラロジーの原典、テキストの中には「信仰」という言葉は非常に少ないのですが、原典のいたるところに「信仰」ということが説かれていることを、皆様はほとんど気づかれていないようです。実は「人心の救済」という言葉も、「至誠慈悲」という言葉も「祈り」なのです。どうぞ、この人が、この家が、わが子が、わが家が、幸せになって、世の中の幸せのために貢献させていただき、そのような人物になってくだされ、こういう祈る心づかいです。

皆様は「信仰」というと宗教の専有のように思ってしまいます。従来の宗教は神仏に向かって祈るのみでした。それでは効果があるはずはないのです。このことについては原稿に次のように書かれてあります（三十九ページ、資料⑤）。「従来の教えには、神仏もしくは聖人を拝して、これにむかって福を祈るのみ」であると。また「今回の最高道徳は自ら神仏もしくは聖人となって、自然の法則に合する心使いをなすゆえに、必ず開運して永久の幸福あり」とあります。

私たちは神様のお手伝いをさせていただき、祈りを込めて、そして、精神を神意に同化させて皆様の幸せを祈る。終始、このような精神作用と行為になるように訓練するのです。その訓練について、どのように説かれているかというと、それが「慈悲寛大自己反省」ということです。「自己反省」は軌道修正です。利己的本能によって悪いガタガタ道を歩いていますから、訓練によって正しい天地の公道に切り替えていく軌道修正が大いなる反省の力なのです。「慈悲寛大」とはすべてのものを慈しみ育てる精神作用とその行為です。精神作用だけでは、あまり効果はないのです。従来の自己中心の拝み信心と同じです。精神作用が行動に表われますと、これが道徳となりま

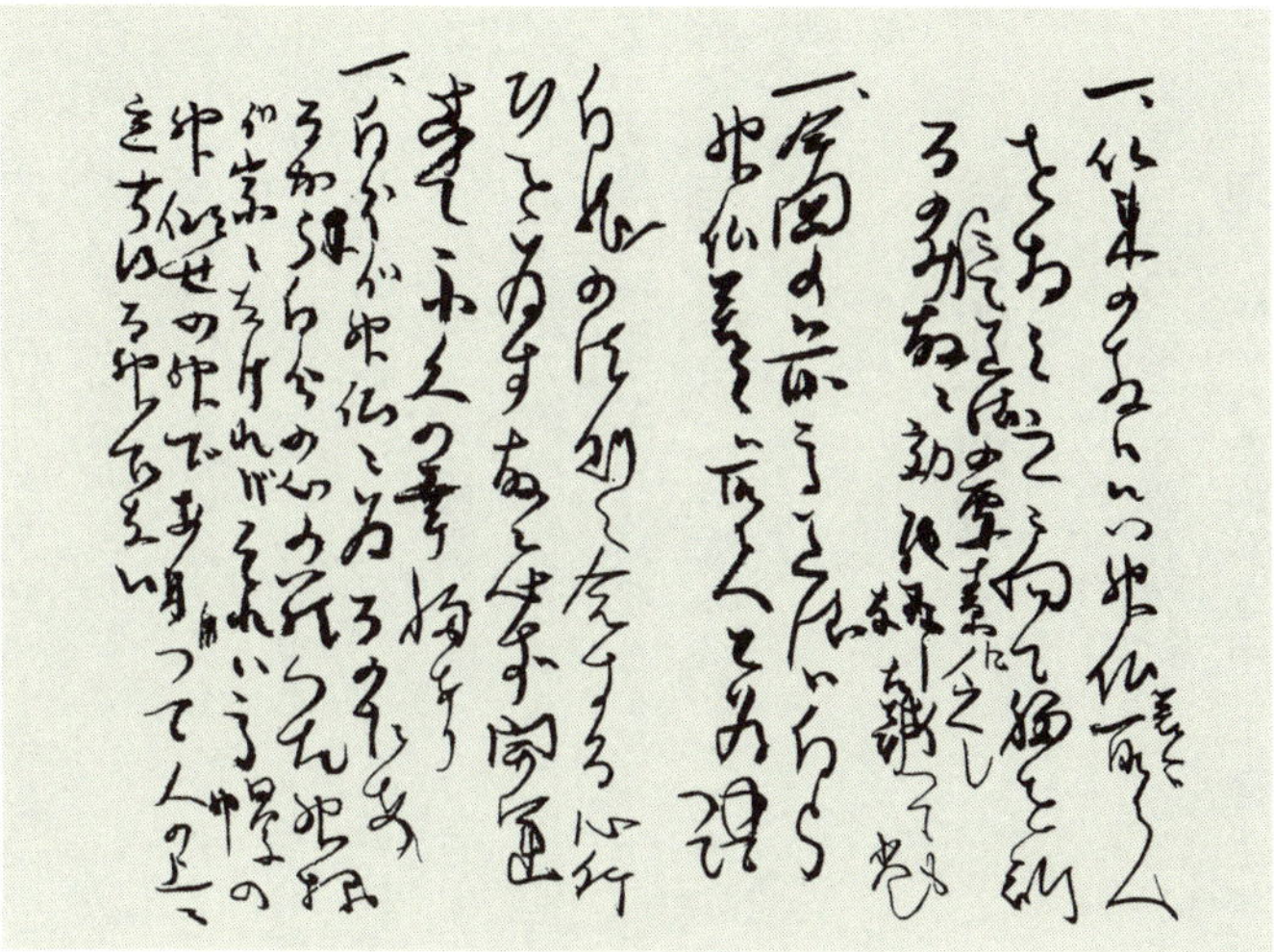

資料⑤

一、従来の教へには神仏若くは聖人を拝し之に向て福を祈るのみにて道徳の要素に乏し、故に効能なし、たとひあっても少なし

一、今回の最高道徳は自ら神仏若くは聖人と為って自然の法則に合する心使ひを為す故に必ず開運して永久の幸福あり……

す。とするならば、モラロジーをしっかり勉強して、これを正しく理解して、これを行為に表わすことが大切です。

行為とは皆様の目に見えるもの、聞こえるものです。その行為によって「ああ、すばらしい方だな」という敬愛心、尊敬心が出ます。これが人格であり、人爵ともいいます。私たちは思っただけ、考えただけでは、自己満足はあるが、徳にはならないのです。停止している状態なのです。ですから、自我を没却して至誠になっただけではだめで、「慈悲の精神になって、これを諸人にお薦めする、お伝えする、このことによって最高道徳の実行になるんじゃ」、「これが諸君たちにとって積善に通ずるところの義務先行となっていくのである」とおっしゃっているのです。

総合的な理解を

いま自我没却とか義務先行ということをお話ししましたが、先生はどのようにこれらの原理を説かれたのかを申し上げます。

まず、最高道徳の五大原理を挙げ、最初に「自我没却」について、それは「慈悲の精神」になったことであると説かれます。先ほど申し上げましたように慈悲の精神になっただけでは、なんにもなりません。自分の自己満足の精神の安定にはなりますが、従来の信仰とあまり変わらないところにとどまっているものです。しかし、慈悲の精神が行為になって表われますと、人心の救済となります。人様の幸せを祈るというところで「神意同化」となります。人様の幸せを祈るという人心の救済に対する努力は積徳、積善に通ずる義務先行となっていくのです。「義務先行」のところで累積ということが説かれ、積善というところで因果律が説かれます。それを科学的に教えてくださった方、それを私たちにお示しになってくださった方が「精神伝統」です。その教えのとおりに至誠慈悲の精神で素直に行なうことを「伝統祖述」、「伝統尊重」と言います。

つまり、私たちは一つの原理に徹すれば、他の原理は全部実行したのと同じなのです。それをややもすると、テキストの章だてにこだわってしまいます。学問的体系であるので、やむを得ず章をつけたのであると先生はよく申されました。全部読んで総合的に理解したならば、章を全部とりはずして、天地の法則としてこれを受けとることができます。そうすると最高道徳はどこから入ってもいいわけです。

私たちが思いやりの心をもって人様を大事にするという精神作用と行為、これがモラロジーでは「人心の開発救済」の原理となります。それを累積していくと積徳に通ずる「義務先行の原理」となります。同時に、その精神は「伝統尊重」、「伝統祖述」となります。そして、人様の幸せを祈る人は、「自我没却神意同化」した人であるのです。ここで六つの原理はすべて深いかかわりのあるものであるということがお分かりいただけると思います。

感化力

こうした原理を、私たちは頭の中で記憶するだけでなく、肉体、細胞の中にぶち込まなければならないのです。そのことについて先生は、「移植」と表現されています。神様の慈悲、仏様の慈悲を相手の心に移植すると書いてあります。こちらに移植すべき燃えるような情熱、つまり種がなかったならば相手に移植することはできません。

最高道徳を実行していなければ、情熱の種となる燃える炎がないわけです。

燃える炎がないとどういうことになるかというと……。たとえば「私がせっかくよい話をしているのに、あなたはなぜ聞かないのか、徳がないな……」という言葉を耳にします。これはまことにおかしな話です。相手が聞いてくれないのは、こちらに炎がないからです。つまり相手の立場に立っていないのです。こちらに相手を包み込む温もりがないから聞いてくれないのです、すなわち情理円満の説得力がないのです。相手の方が聞いてくれなかった時に、なぜ反省しないのですか。ここが先生の幹部教育の最も痛烈なところです。相手が聞いてくれなかった時、「ああ、まだ自分が足りない、徳がない」、「まだ先生のご遺志が少しも分かっていない」、「まだ命をかけていない」と、なぜ思わないのでしょうか。先生はこのような教育をいたしました。こういう場合、逆にすぐに相手を責めてしまいます。モラロジーを知っただけで相手を責めてしまいます。本当に偉大な人格者に会えば、お会いしただけで、心が洗われ、心が清められ、やる気が出てきます。やる気というところが開発力なのです。「やらしていただきます」という意志です。

ある時、この大講堂で、先生はお話を終えられまして、「私は体が弱ってきたから明朝長野県の温泉へ出かける。長野県の空から諸君たちがしっかりとモラロジーを勉強することを祈っている……」と付け加えられました。そして、大講堂の中央の通路を静かにお帰りになります。書生は、先生の後からお供します。右へ曲がって貴賓館の前を通って麗澤館へお帰りになります（**二五七ページ、写真参照**）。

貴賓館の角を曲がる時に、私はちょっと後ろを振り向いたのです。すると、当時の別科の方々のほとんど全員が大講堂から出て、先生の後ろ姿を拝していました。中には地面に跪《ひざまず》いている方もおられました。先生の後ろ姿に向かって、「がんばります」「先生、お体をお大事に、ありがとうございました」と祈っているのです、誓っているのです。このような言葉を口々に言っているように見えました。目を潤ませて、お見送りをしている塾生の姿がありました。ステッキをつき、白金カイロに包まれて、側近に左右から支えられて麗澤館に帰られる先生ですが、大講堂では、本当に力強くお話しになりました。「諸君たち、幸せになってくれよ」、こう言って祈る先生の姿、それを拝してジーンとした塾生、そして、お帰りになる時の先生の姿、これが別科の人々に対してすごい感化を及ぼしたのです。

博士は万巻の書を読み、千里の道を歩いて、全十五章四千ページの『論文』を著わし、天地の法則を滔々《とうとう》としてお示しになりました。世界諸聖人の思想と事跡、それを源として展開されているあらゆる宗教、教訓を網羅し、その中に一貫する原理を天地の一大真理として、それを底辺にモラロジーは創建されています。これは皆様ご存じのとおりであります。

私たちは、精神伝統、伝統中心というところに焦点を絞りますと、祈られているということが非常にはっきりと分かってまいります。

この大講堂へ来る時桜並木を通りました。その時に「ああ、僕が十八歳の時にこの桜を植えたんだな」と思いました。今はご覧のとおり大木です。学園が創設されてまもない頃、「苗木が到着しました」という連絡が麗澤館にありました。先生はステッキを持たれて出てこられました。地面の上に縄が真っすぐに張られました。今の桜並木の所です。先生はステッキを持たれて、縄に沿って歩まれ、歩数を数え、立ち止まってはステッキで十文字を地面に記されました。そして、また歩まれては十文字を書いていきました。このように大講堂から、今の食堂、体育館のほうまで歩まれました。そして、今度は反対側を同じように印をつけて歩まれました。その後、私たちが、先生のつけた十文字の印の所に丸く穴を掘りまして、植木屋さんの指示に従って桜の苗木を植えました。

苗木としては比較的太いものでした。その時、博士は「諸君たちは植木屋さんの手伝いではないんだぞ。神様の手伝いなんだぞ。これから大勢の人たちが来られる、今まで聞いたことのないような聖人正統の教えを学問的に聞く。そして、これからしっかりと社会のために貢献しようという矢先、最高道徳の教えの非常に難しいことを知り、混乱に陥るであろう。そこで、おまえたちが植えたこの桜並木に来て、花の時期には花を、またすがすがしい緑を見て、心を持ち直して再び講堂に入って行く。おまえたちは、そのお手伝いをさせていただいているのだ。一本たりとも枯らしてはならない。至誠を込めて植えなさい」、また「一本の桜の苗木を植えるのも人心の救済となり、神様のお手伝いとなるという自信を持ってやりなさい」ともおっしゃいました。このようなことを思い出しながら、この大講堂へと歩いてまいりました。桜並木を見ても先生のお姿が浮かんできます。自分たちがシャベルで穴を掘っている姿も見えました。今は大きな大木として育っていますが、あの枝ぐらいだったなあと思いました。大講堂に入りますと、演壇に上がろうとされる先生の姿が浮かんできます。

私たちは、どのようなことに対しても、こうしたところに焦点を絞って考えていくならば、いかなる力も出てきます。自分の思いもかけなかったほどの力が出てくるのです。このような感動、感謝の精神を持って、それからテキストを読まさせていただきます。何もたくさん読まなくともいいのです。心を込めて、ご苦労に報いさせていただきますという、本当の真心を込めて読むならば、少し読むだけでも十分なのです。

モラロジーは道徳科学、つまり学問です。「善は善、悪は悪、非は非とする」、非常にはっきりしています（四十八ページ、資料⑥参照）。あいまいではないのです。適当にものを言うとか、たぶんそうでしょう、概してそうでしょう、などということはないのです。必ず進化発展する、必ず滅びると書いてあります。このようなところをしっかりとつかんで原典を読まないと信念ができてまいりません。

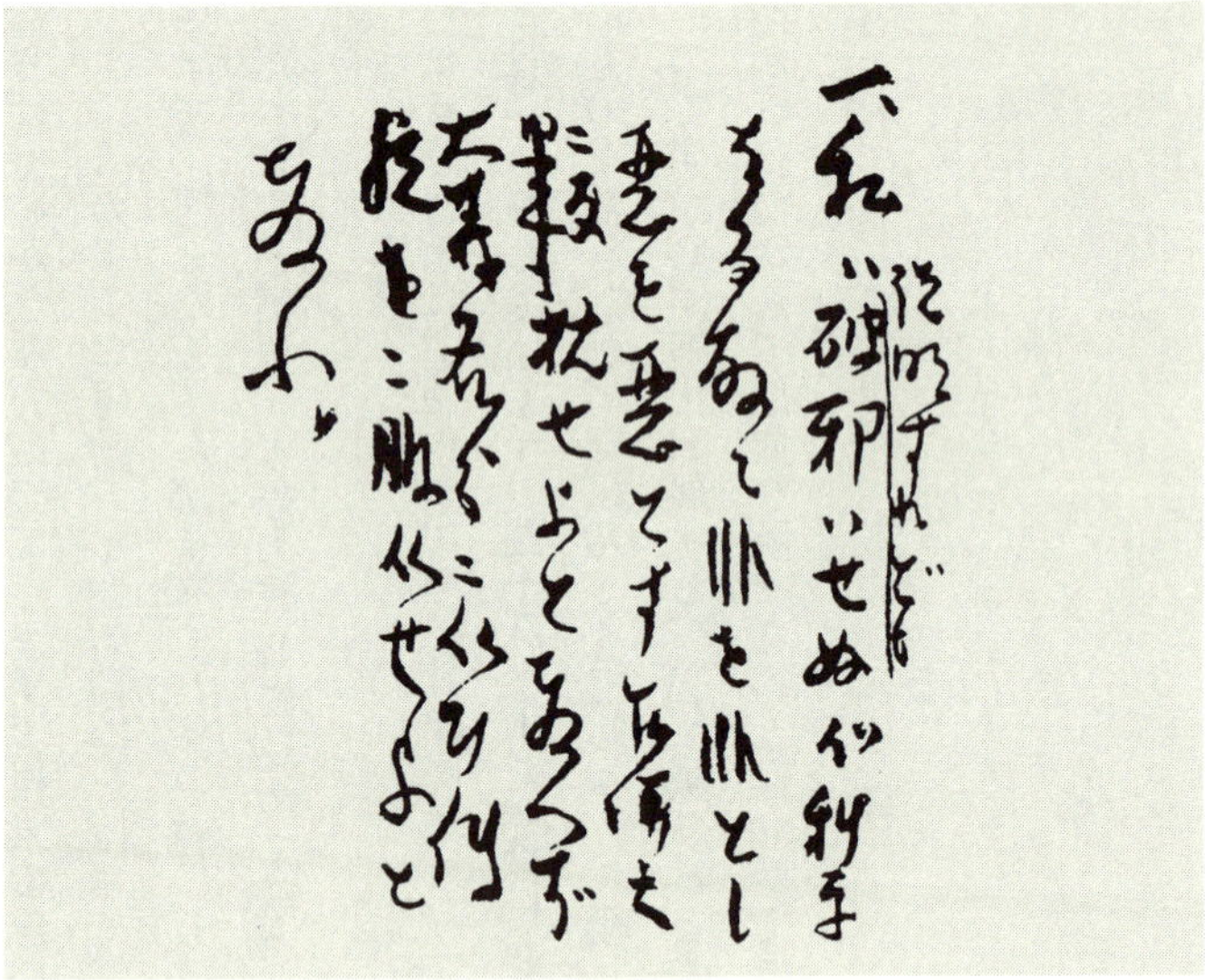

資料⑥

一、私は説明すれども破邪はせぬが、科学なる故に非を非とし悪を悪とす。乍併之に反抗せよと教へず、大義名分に従ひ伝統に服従せよと教ふ。

神について

次は神の問題です。皆様は講座を受講するにあたって、ご先祖様、ご仏壇を拝んできました。「これから千葉へ行って勉強してまいります。留守の間よろしくお願いいたします」と、祈りを込めてきたはずです。博士は、このことについて次のようにおっしゃっています。この原稿は長いので要約します。あなたはなぜ拝んだのですか。位牌を見て、そこにご先祖様がいらっしゃると信じたからでしょう。すると、実際にそこに先祖がいる、いないということではなくて、両手を合わせたあなたの心の中に神様、仏様はいらっしゃるのです。神棚の中には短冊形のお札が入っているだけです。これを神と信じたのは、私たち自身の心なのです。このことを先生はたびたび説かれています（五〇ページ、資料⑦参照）。

これが神を認めることの原点です。私たちが、このような心になっていくと、こんどは「無」から「有」が見えてきます。「神様のお手伝いをさせていただこう」「どうしたらご先祖様に安心してもらえるだろうか」というような精神になってくるので

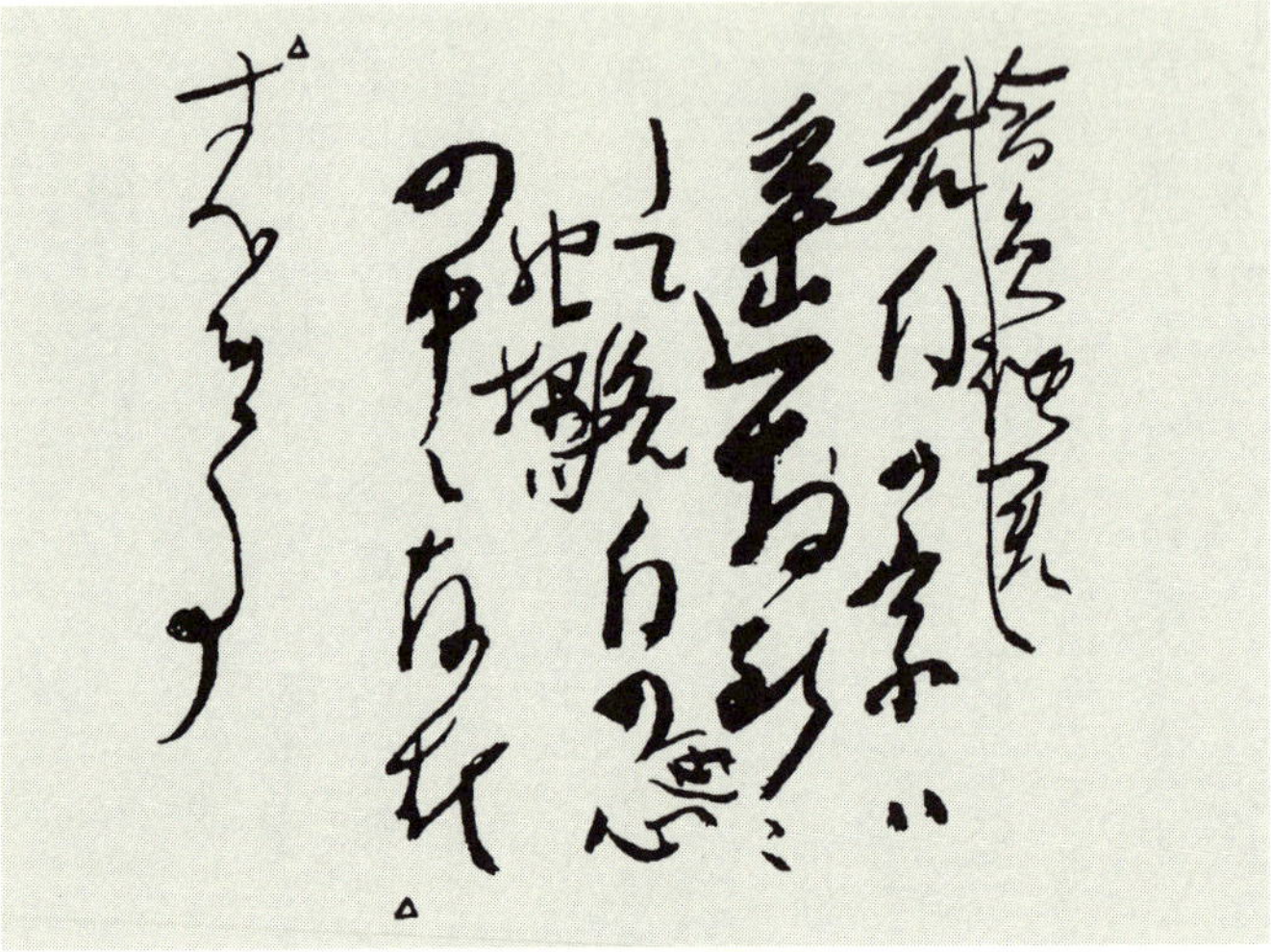

資料⑦

会員諸君各自の家は遥拝所にして神様は各自の心の中に存すべき事。

す。これがモラロジーでいうところの「伝統に安心していただく」ということです。そして、これが天地の法則に適うこととなるのです。

私たちは神棚などを「遙拝所」と言っていました。私は先生のお住まいの麗澤館に籍を置いていましたが、先生の在世中には、麗澤館ではご神壇とは言いませんでした。遙拝所と言っていました。「遙かに拝む所」というのです。皆様のお宅の神棚には神社のお札が入っています。伊勢神宮のお札が入っているとすると、そのお札を通して遙か五十鈴河畔の伊勢の神宮のご本殿を拝礼しているわけです。また、私たちはいつも墓地に行ってお参りするわけにはまいりませんので、ご位牌を仏壇において、それに対して祈り、お願いをしているわけです。そうすると、やはり、信じたわが身のほうに神はあるのです。この心を抱いて実践してみると、自分の精神、心がいかに安定しているかということが実感されます。「さっきお願いしたからお守りがある」と、なんとなしに安心できるのです。このことが、「見えざるもの」を信じることの根本です。

「MCバッジ」

次に、「MC」のバッジについて先生がお話しされたことを申し上げます。実は「MC」のバッジは遅れてできてきたのです。私たちはみな学生服の胸や帽子に記章として付けていました。すると先生はバッジを持ってこられて、「これをわしだと思って胸に付けるんじゃ」と言われました。その言葉が忘れられません。維持員の印ではないのです。

当時バッジは、すべての人が手に入れることができたのではありませんでした。当番者として研究会に行く時に、自分の原稿を供えて、ご神壇を拝して「これから行かせていただきます」と言って神様の前でバッジを胸に付け、それを奥さんが曲がっていないかどうかを調べて、それから研究会に出かけました。これが昔の家庭研究会に当番に行かれた方々の姿です。このようにバッジを付けた時から伝統中心であるのです。バッジは伝統の中心、最高道徳実践の中心を示されたものなのです。胸に付いているバッジが逆さになってはいないだろうか、曲がってはいないだろうか、というようにいつも心を配らなければなりません。このように先生は徹底的に教育されました。

日常生活の中で教訓を生かす

また昔の学園をご存じの方は思い出していただけると思いますが、今の会員会館のある所に大食堂がありました。その食堂の壁には、すべて先生の教訓が書かれてありました。いかなる席で食事をしても、必ず先生の教訓、訓示を見ることができたのです。現在、畑毛記念館がそのようになっています。どこに座っても先生の教えに接することができるようになっています。これは先生のご指示に従って書かせていただいたものです。むだな壁はないのです。全部の壁に張り巡らせてあります。

このように四六時中、呼吸している間にも先生の言葉を通して天地の法則に接していくわけです。お風呂場にまいりますと先生の直筆の彫刻が掛けられてあります。私たちはつい通り過ごしてしまいがちです。しかしながらじっと見ると、私たちにとって大切なことが書かれてあります。時々行なう人心救済ははっきりと自覚しているものですが、毎日することはついおろそかになるものです。人間は「習い性となる」という性格を持っています。よいことを考えていると、だんだんと細胞がよいことを考えるようになっていくような習性を持っているのが人間の特性です。これを先生は大切にされています。

たとえば、お風呂が汚れていると、後から入ってくる人が不愉快であろう。気持ちよく入っていただきたい、という気持ちを込めてごみを掬《すく》い、浮いた髪の毛を掬いなさい、そのごみを掬ったあなたが救われるのですよ、とおっしゃっているわけですが、このことが少しも分からないのです。ごみを拾うことが一体何になるのだろう、トイレの汚れを掃除することが一体何になるのだろうと思ってしまいがちです。

日常茶飯事、絶えず行なっていることに真心を込めることができなかったならば何もならないのです。ご飯を炊くにも、おかずを作るにも、「どうぞ、これで主人が子供たちが健康で、神様のお手伝いができますように」と祈ってやりなさいというのが先生の教育でした。あなた方は祈りを込めてやっていますか。いらいらしたり、外のことを考えながらやるから鍋をひっくり返したりするのだとよく言われました。このように日常生活のすべてにおいて、道徳を実践させようとしたのです。これが、先生ご在世中の専攻塾の姿です。

外から来る人によい印象を与えるようにと、だれとはなしにほうきを持ってきてきれいにします。だれがやったのかと、そんなことはどうでもいいことなのです。私たちは「ありがとうございます」「ご苦労さまです」と言われると気持ちがいいものです。これを陽徳といいます。これに対して陰徳ということがあります。たとえ人様からお礼を言われなくとも、神様は見ていらっしゃるのです。私たちからいえば、広池博士がしっかりと見ていらっしゃる。そこで「やらしていただきます」と誓った時、自分の精神は安定します。これを味わえば信念がわいてきます。信念は直ちに自信となり、自信を持って日常の生活を送ることができます。これが陰徳です。

また、常に相手の立場に立ってお話をしなければなりません。自分本位でお話をしますと、往々にして相手を責めることになります。博士は、「相手に不快感を与えることはあいならん」「人心救済とは相手の心を慰安することである」とおっしゃっています。まず、よき心地を与えなさいというのが、先生の教えです。「ああ、なんてモラロジーの先輩の方はいい方なんだろう」、このように相手の人が思った時、五割以上の開発はできているというのが、先生の教育です。先生は『論文』に書かれてあるような難しい言葉は一切使っていません。このようにして、私たちは教育をされたのです。

以上、在りし日の広池博士を思い浮かべながら、折々に示された御教えを、そのままの形でお伝えいたしました。

広池博士の教え（二）

はじめに

平成三年七月十三日、御殿場生涯学習センター「概説講座」における特別講義（畑毛記念館）

私は広池先生の晩年の書生を三年弱させていただきました。その間に広池先生よりいろいろとおうかがいしましたことを、皆様にお伝えいたしますので、皆様のモラロジーについての知識、あるいはご実行された精神をもって理解していただきたいと思います。それからもう一つ、このような事跡研修会とか広池博士についての勉強会というのは、実践という方面からモラロジーを説くことになります。そうしますと皆様はモラロジーが非常によく分かるはずです。これから申し上げますのは、すべて博士の言葉と直筆の教訓に基づくものです。

現在、博士の直筆の原稿は二十万枚以上残されております。私は十五年間、広池博士記念館に勤務しておりまして、その時に数えました。現在はすべて一連の番号を付して大切に保管されています。博士はこの畑毛温泉で、そのうちの十万か十五万枚か分かりませんが、非常に多くの原稿を執筆されて、『論文』にまとめ上げたのです。これから原典ができ上がった最も大切な場所に、今皆様はいらっしゃるのです。これからモラロジーの原理に従って実行していこうとする時、最も大切な意味を持ってくるのが、畑毛記念館であります。ここは博士が命がけで、一文字一文字、人様の幸せを祈りながら筆を執られた聖なる地です。この記念館へ来ることによって道徳実行の原動力ともいうべき道徳的感情を高めていただきます。そうしませんとせっかく学んだ理論を咀嚼《そしゃく》し、実行に入ることができません。その実例を挙げてみましょう。

広池博士のモラロジーの説き方

たとえば、『モラロジー概説』の第八章「自我没却の原理」のところです。それを実践という方面から申しますと、皆様が人様の幸せを願うようになった時、利己心は克服されているのです。これが先生の独特の説き方であります。実際の行動から原理を説くのです。

私たちが安らかな思いやりの心づかいを抱いた時には、とても食欲も出てくるし、お顔も柔和となり、言葉は優しいし、動作は落ち着いてくるのです。だれが見ても

「なんていい方だろう」と思います。これを「天爵を修めて人爵これに従う」という格言の「人爵」というところへ当てはめていただきます。そして、人様を幸せにしたいという精神作用とその行為を「天爵を修めて」というところに当てはめます。すると、講堂の正面に掲げられています、あの額の意味が理解されます。教育の場に「天爵を修めて人爵これに従う」という格言を掲げられた理由が理解できるはずです。

広池博士は「この言葉は天地自然の法則である、善因善果の法則である、さらに言い換えると神の原理である」と申されました。「天地自然の法則」という場合はモラロジーの原理の説明をしているのです。「神様の御心」といった場合、最高道徳の実践の説明になるのです。ここのところの区別をしっかりしておくことが大切です。

では、広池先生は私たちにどのような教育をされたかということです。「道徳科学」と書いて「モラロジー」と読ませてありますので、道徳を科学的に証明したと考えてしまいますが、先生は「モラロジーは天地自然の法則を学問的体系に組み立てて、しかも科学的に証明したものである」と申されました。では、何を科学的に証明したのかというと、なぜ幸福な人、不幸な人がいるのか、なぜ要《い》るもの要らないもの、進化するものしないものがあるのだろう、ということを考えたのです。これが自然の法則の最も大切なところであり、モラロジーの核心をなしているところです。つまり、善因善果、悪因悪果の法則を証明したものがモラロジーであります。この法則が自然界のすべてのものを支配しております。このことを最も明確に示されておりますのが、『論文』の第二版の自序文のところです。

その中に「平均法」ということが書かれてあります。不均衡なものを平均化していこうというところに大きな自然の法則が働いているのです。それからもう一つ、自然界は助け合っているということです。「相互扶助」ということです。私たちは自然界の中の生物の中の人類という部分に属しているにすぎないのです。しかし私たちは自由意志を持っています。これが利己的な本能に覆われていろいろなことを行なっているのです。そこで、「相互扶助」について博士が私たちによく話してくれた実例を申し上げます。

自然界には動けるものと動けないものがあります。動けないものは何かというと草花です。とてもきれいな花をつけて蜜を蓄えています。でも動けません。だからとてもよい香りときれいな花弁をつけています。風にのって蜜の香りが漂っていきますと、それを動くことのできる昆虫や小鳥が見つけます。その香りをたどってきれいな花を見つけ、そして、花の中に入ります。蜜は花の最も奥にあります。羽根をばたつかせ、足を使って花の奥のほうにもぐっていきます。その時に花粉が付き受粉し結実するわけです。これが「相互扶助」ということです。

このように、自然物でさえ、蜜をあげますから来てくださいとしているのです。何もしないで来いとは言っていないのです。これが博士の説き方です。このように見ていくと、南天の実が赤いとか、万両の実が赤いとかの意味も分かります。それをひよどりや他の鳥が見つけます。それを頂戴して山に行って自分の体を通してその種を地面に落としていきます。このようにして、動くことのできない南天や万両は子孫を営々として残していくのです。博士は「連帯」という言葉を使っています。私たち生きているものは、それぞれの立場において生活を営み、前後、左右、上下、すべて連係した行動をとっています。お互いに手をつなぎあっているということです。このように助け合っているのが、この自然界です。

博士は当時学生であった私たちに向かって「人間界を見る前に自然界を観なさい」と指導されました。自然界を観た時に、なるほどと気づくことが多くあります。蜂に刺されたら痛いとか、腫《は》れるとかいう経験があります。すると蜂を見ると追い散らし、また逃げます。それに比べて周囲に対して温和なもの、利益を与えるものは残され、保護され、なおかつ大事にされているという事実があります。そうした点から人間界を見ますと、よく分かります。「ああ、なんてあの人は幸せなんだろう」と言われるような人は、本当に温かい柔らかい心を持って周囲の人を大事にする人です。また、自分だけよければ相手を蹴散らしてもかまわない、うまいことを言ってなんとかやっていこうというような考えを持っている人があります。自然界を観た目で考えていけば、どのような生き方が人様から大事にされるかということがはっきりとするでしょう。私たちの幸せは周囲の人様から敬愛されて初めて実現するのです。

人様とは

ここで「人様」ということを考えてみましょう。「人様」とは自分以外の人を指すのです。一番近いのは夫婦の関係です。ご主人は奥さんを大事にし、奥さんはご主人を大事にするというところから道徳は発生します。それがお子さんに影響を及ぼします。それをお隣の人が見ています。「あそこのお父さん、お母さんはすばらしいな。お子さんたちも親を大事にして、あんなすばらしいお宅はないな。うちもあのお宅のまねをしよう」とお隣の人が感じた時、すでに人心救済ができているのです。

人心救済とは何も講義をすることではないのです。周囲の人が「さすがにモラロジーを学んでいるだけあって家の中が円満だ、あのようにならなければ……」と感じることです。その家の中はどうかというと、息子さんは「僕は、父のような人間になりたい」と思い、お嬢さんは「あのようなお母さんになろう」というお宅が、最も安心・平和・幸福のお宅です。このようなお宅はどなたからも敬愛され、尊敬され大事にされるのです。その背景には、お父さんやお母さん、おじいさんやおばあさんが自分の家業を通して周囲の人に利益を与えたという事実があるのです。そこで育まれた温かい心は、まず私たちの表情に表われ、次に言葉、動作として表われてきます。博士は「モラロジーを学んでいる人は人柄がいいねえ」と相手に思わせた時点で半分以上の開発はできているとおっしゃっています。その人の言うことはちゃんと聞いてくれます。

このように皆様が周囲の人によい感情を与えていますと、たとえば皆さんのお孫さんが道路にちょろっと出て行ったとしますと、「あそこのお宅のお孫さんだ、だれかみてやれ、危ないぞ」といって大事にしてくれます。ところが逆にいつも意地悪をしている人のお孫さんだと「あそこの家のガキが通る、ほっとけ、ほっとけ」となります。これはちょっと極端な例ではありますが、これが人情というものです。お子さん、お孫さんは何もしていないのです。にもかかわらずおじいさん、おばあさん、お父さん、お母さんの道徳的義務先行の結果、お子さんやお孫さんはちゃんと守られていくのです。これが「余徳」というものです。「余」とは「あまった」ということではなく、「たくさんの」という意味です。

心の使い方

次に「心の使い方」について考えてみましょう。どのようにしたら心が優しくなるか、どのようにしたら心が低くなるか、ということです。そのためには正しいモラロジーの理論を知って、そのうえに「祈り」を加えるのです。

皆様は、わが子の寝姿を見て「どうぞ、この子が立派に成長して、将来立派な社会生活ができますように」と祈ったはずです。そこが大事なところです。その心づかいを、博士は『論文』第四章の「人類階級の後天的原因」というところで明らかにしています。精神作用と肉体、運命との因果関係で説かれています。今では医学や科学がもっと発達していますから、その因果関係もさらに鮮明に分かります。

非常に、にこやかな時は何を食べてもおいしいものです。「ありがとうございます」と両手を合わせて感謝をしていただく時には、私たちの循環器官および消化器官は順調です。天地の法則である平均と調和がとれているからです。当然このような時の食事は、完全に消化され吸収されます。そのことによって体中の細胞の新陳代謝は活性化していき、健康につながります。

その反対があります。私たちはちょっと不愉快な思いをしたり、ちょっと腹を立てたりしますと、一番最初に肉体上に表われるのはどこだと思いますか。まず唾液が止まり、喉がからからに渇いてきます。私たちの精神作用が唾液を止めてしまうのです。内臓は知覚できませんので分かりませんが、完全消化をしなくなり、せっかく栄養のあるものを食べても吸収されないで素通りしてしまいます。そして、精神状態が不安定でいらついていますから、不眠症に陥っていらいらしてきます。これは自分自身が陥るところの悪因悪果であり、自然の法則です。

心づかいが悪いと表情が恐くなります。動作が荒々しくなります。障子を勢いよく閉めたりします。あれは手が閉めたのではなく、心が閉めたのです。「びしゃっ」という障子の閉まる音が、どれほどお子さんにいやな衝撃を与え、悪い影響を与えるか。お子さんが立派に育っていかないのは、そのようなところを見せつけるからです。そこで「自己反省」ということが大切になるのです。「ああ、このようなところを子供に見せてはいけない」という反省です。

道徳の実行には我慢や忍耐、克己が必要です。利己的本能に基づく我慢や忍耐、克己は体に害があります。しかし、私たちは家庭の幸せ、社会の平和、世界の平和のためには我慢をしなければならないことがたくさんあります。そして、言ってよいことと悪いことがあります。相手の心を傷つけるようなこと、相手に不快感を与えるようなことは一切言ってはいけないのです。常に相手の心が和むようにしむけていく、これは簡単なようでたいへん難しいことですが、これで十分に道徳の実行をしているのです。こうした我慢ならば体には害になりません。人心の開発救済ということばかりにとらわれていますが、この心を持つことが道徳実行の根本なのです。これが人心開発救済の原点であるのです。

その心をモラロジーでは「至誠慈悲」といいます。「至誠慈悲」の内容は何であるかというと、神の心、慈悲に基づくところの信仰心を至誠慈悲というのです。「どうぞ、幸せになっていただきたい」と心の底から思うこと、そして祈ることを「至誠慈悲」といいます。これが行動に表われますと「人心救済」となるのです。この行為を積み重ねていくと積善、積徳に通ずる義務先行となります。このように、慈悲に基づく行為のできる方は、すでに「自我没却神意同化」の境地に到達しているのです。この間の因果関係を明らかにして、天地の法則を私たちに開示してくださった方が「精神伝統」であるのです。とするならば、素直に慈悲の精神となった時に、伝統尊重、伝統祖述となるわけです。以上で、モラロジーに言う最高道徳の五つの原理の関係がお分かりになられると思います。

情理円満

次に「情理円満」ということについてお話しいたします。「情」だけになりますと「おがみ信心」の信仰一辺倒になってしまい、効果がなかった場合、神様のせいにしてしまいます。あの神様は効果がないと言います。そこで、それを裏付ける「理」が必要となるのです。私たちが相手の幸せを祈るという純真無垢な神のような慈悲の精神作用になった時、その精神状態の効果を科学的に証明しているのがモラロジーの原理です。

私たちは、博士から自然の法則、宇宙の大真理を教えていただき、自分の心づかいが悪かった、その心づかいに基づく行為が悪かったから効果がなかったのだ、というように原因がはっきりとしてきたのです。「理」に基づくところの「情」、言い換えればモラロジーの原理に基づくところの「祈り」、「信仰心」が重要なのです。そこに至った私たちは、「あいつのせいだ」とか、「この人のせいだ」とかいう他人を責めることは全くなくなってしまうはずです。そこに「自己反省」があるのです。「慈悲の心になる」という高尚なる神意に照らしての反省がなされるのです。

親心

親心とは、「もし自分の家に不徳があるならば、どうぞ、その不徳は私に表わしてください、どうか子供たちに表わさないでください」と祈る心でしょう。博士はこの親心をもって慈悲を説明しています。

お子さんが「はしか」になった、「百日咳」になった、「肺炎」になった、その時、お父さん、お母さんは命をかけて看病します。子供の命が危なくなったら、「もう私の命はいらない、この子供の命を救ってください」と、神に祈りながら一心に看病するはずです。そして、快方に向かい、よくなってきたからといって、お父さんやお母さんは決して恩に着せることはないでしょう。「私のおかげだから」などと子供に言うことはないでしょう。「ああ、よかったね。神様やご先祖様のご加護《かご》があって治りました。ありがとうございます」と思うでしょう。自分が疲労困憊《こんぱい》しているのにもかかわらず、何らそのことを口にすることなしに、元気になったわが子の姿を見て、涙を流して感謝し、喜びます。これが最高道徳の精神です。

そこで、わが子にしかできなかったこうした精神作用と行為を、人様、家族以外の人に対して抱き、行なった時、どれほどあなた方は尊敬されるでしょうか、と博士はおっしゃっているのです。わが子を愛することのできない人は人様を愛することはできません。わが妻、わが夫を愛することのできない者は、絶対に道徳などというものを実行することはできないのです。

天地自然の法則（現象の理）

先生の原稿には「天地自然の法則は進化・退化の二つの法則からでき上がっているのであります」とあります。そして「聖人の教説もこれに外ならぬのであります」とあります。聖人は何と言っているかといいますと、お釈迦様は「極楽・地獄」という言葉を使っています。「進化・退化」とは、言い換えれば善因善果、悪因悪果ということです。博士は「聖人はこれをもって神様の御心と申したのであります」と書かれています。

また「天地の全法則の中に因果律の厳存することを科学的に証明し、これを各章に別ちてあらゆる歴史的事実、社会的事実、自然科学の原理・法則をもって、これを証明する」ということが書かれてあります。ここが私たちが道徳を実行する場合の基礎となるところです。このことがしっかりと理解できなければ、道徳は人のためにやっていて、馬鹿らしいと思ってしまうのです。つまり、本当に愛の心をもって人様に臨んだ時、大勢の方から尊敬されます。家全体が周囲の人から尊敬され、守られるようになるのです。「他を救うにあらず己を助くるにあることを悟る」という最高道徳の格言の意味するところです。

また「現象の理を悟りて無我となる」という格言があります。先ほどお話ししました自然界の法則です。凶暴な動物は嫌われ、温和な動物は大事にされ保護されるという事実です。それをじっと観察した時に、「現象の理を悟りて無我となる」という場合の「理」というところに、「因果律」すなわち原因と結果との循環の法則を入れていただきます。そうすると非常にはっきりとご理解していただけるでしょう。そうなった時、皆様の心は「深く天道を信じて安心し立命す」という境地に立つでしょう。この格言の「天道」というところに「因果律」という言葉を当てはめていただきます。このことが肚《はら》に入ったならば、人が何と言おうと、何と言われようと「われ天とともにあり、神とともにあり」という境地になります。

しかも自分の周囲にいる人に対して慈悲を込めて臨めば、それでいいのです。そして、何かあったら「自己反省」して、決して他を責めることなく、己を責めていく生き方です。責めるといっても何も断食するような戒め方ではないのです。深く自己反省していくわけです。まだ修行が足りない、表現力がない、説得力がない、まだ私に真心がない証拠である、もっと努力をさせていただきますと、このような反省です。これはなんら身体に障ることはありません。人様の幸せを願うことがなんで身体に障りましょう。面白くないとか、しゃくにさわったとか思っているほうがずっと身体に障ります。

要するに、すべて「天爵」を修めるために努力しなさい、すべて慈悲の精神、天地の法則、神の心をもって努力しなさい、そうすると「いい方だ」という人望をいただき、人様から敬愛されます、それが「人爵」です、と書いてあります。「これに従う」

とは、自然についてくるということをいっているのです。

信仰心について

もう一つ、博士の原稿を紹介しましょう。この中にたいへん大切なことが書かれてあります。それは「道徳の基礎に立つ信仰」ということです。

皆様は「道徳とは何ですか」と聞かれたら何と答えますか。道徳とは人様を幸せにしたいという心づかいです。これが心づかいだけでは単なる神仏を信仰する心にしかなりません。これが行動に表われると道徳になるのです。

純粋正統の学問であるモラロジーを基礎として、それにエネルギーが入って躍動するところに私たちの信仰的精神が必要なのです。「どうか、この人が幸せになっていただきたい」と思い祈った時、皆様は神様、仏様と同じ精神状態になったのです。このことを博士は「神意同化」という言葉で説明されています。博士は、特定の人だけしか神の心になれないとするならば、『論文』は書く必要がなかったであろうとおっしゃっています。しかし、学問の進歩とその成果により、だれでも正しい学問によって正しい祈りの心を持って行なえば、だれでも神仏となる可能性があるという確信を得たのです。「熱心にやれば、瞬間的にではあってもだれもが神仏の心となっているのだ」とおっしゃっています。

また「人様にお話をする場合にも、信仰ということから導入しなければ力がない」ともおっしゃっています。単なる理論を述べるならば頭の中に伝わるだけで、決して心の中にまで入ることはできないのです。お話を聞いた場合、心には「祈り」の情熱しか伝わらないのです。「ああ、なんて自分本位だったのだろう」と、胸がじーんとした時、私たちの心に教えが入った時なのです。博士はこのことを「相手の心の中に神、天地の法則の真理、慈悲の心を移植しなさい」と指導されています。「思わせる」のではなく、「移植」と書いてあります。「移植」とは、相手の心に植え付けることです。そのためには、こちらが十分に慈悲の心を抱いて、思いやりの情熱、すなわち「祈り」を持っていなければ、相手の心を感化することはできません。

このような努力なら、いくらしても身体に障ることはありません。利己的な心でやる時は、なんとなしに疲労感があります。愛の精神、思いやりの精神で行なう場合には、心は非常にのどかです。そして、私たちは人様の不幸があるならば、「その不幸を私にくださいませ」と祈るのです。これが最高道徳の精神です。

原稿執筆の姿

ある時、夜中に「おい、おい」と博士が呼ばれますから、私は「はい」と言いますと、「わしは今胸が苦しいからさすってくれ」とおっしゃいました。私は博士の着物をはだけて白金カイロを外して、二十歳の若いエネルギーで一生懸命に博士をさすりました。博士は黙っておられます。

三十分か四十分経った時に、「はあー、楽になったぞ」とおっしゃいました。「今なあ、先ほどなあ、胸が張り裂けそうに苦しかった。しかし、どこかで、だれかがきっと楽になったと思えば感謝ができる」とおっしゃったのです。「わしは朝晩神様に祈る時に、モラロジーをせっかく勉強しても先天的な疾病に倒れて苦しんでいる者があるにちがいないから、どうぞ、その人たちの苦しみを私広池にくだされと祈ってきた

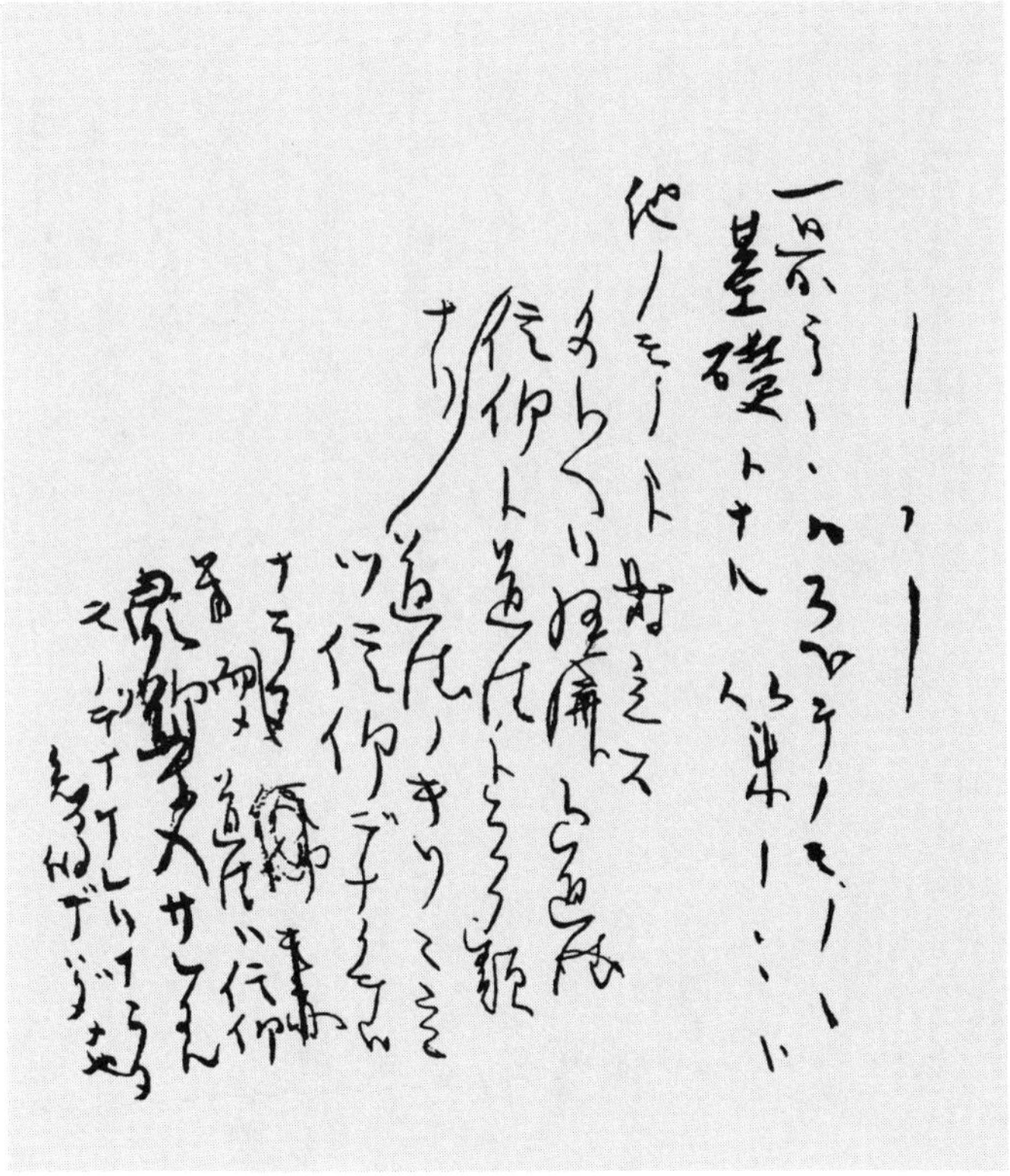

資 料 ⑧

広池博士が倒れながら執筆した原稿。
随行した書生しか読むことができない。
（清書および解読文は次ページ）

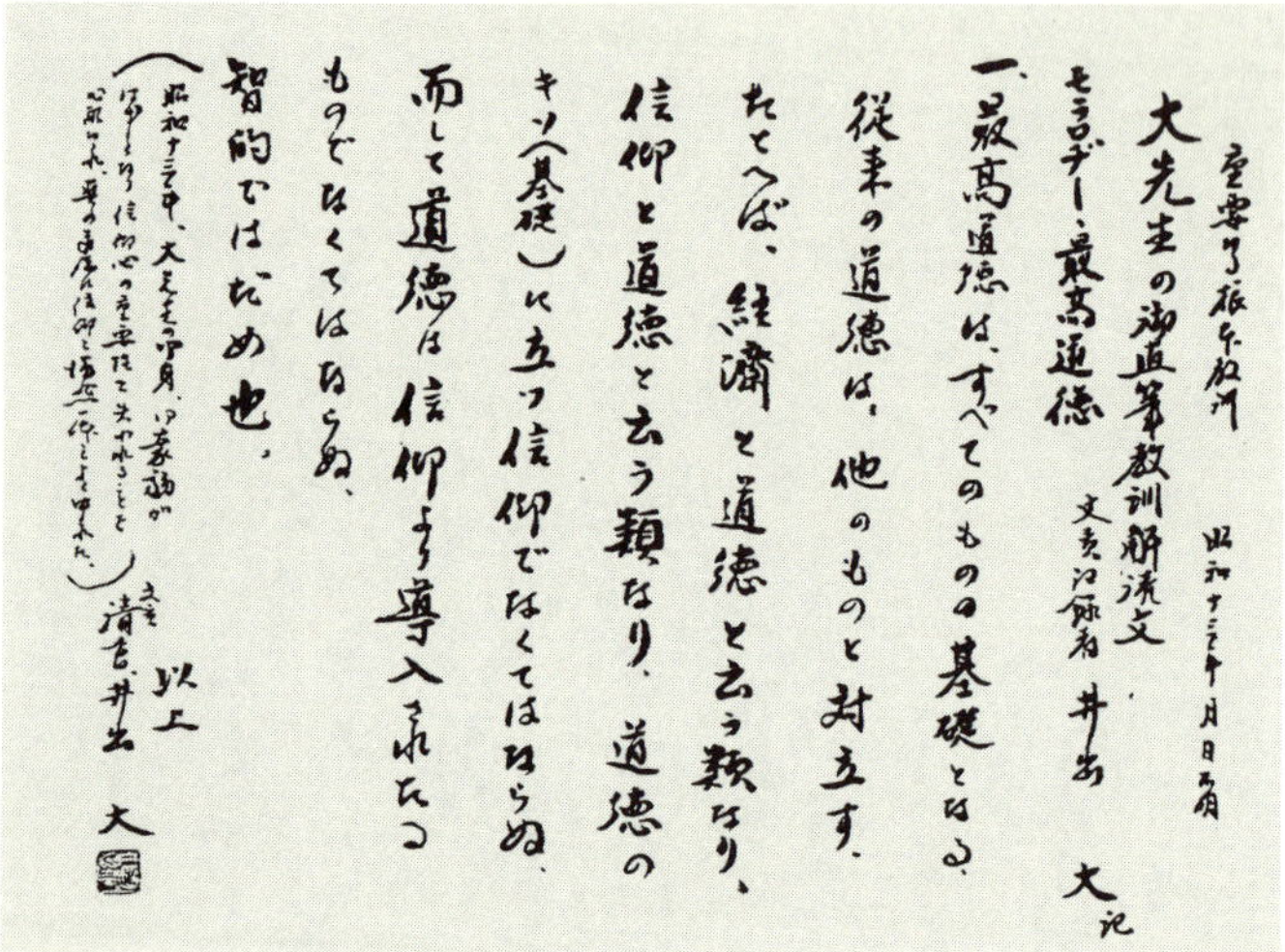

資料⑨

モラロジー・最高道徳

一、最高道徳は、すべてのものの基礎となる。従来の道徳は、他のものと対立す。たとへば、経済と道徳と云う類なり。信仰と道徳と云う類なり。道徳のキソ（基礎）に立つ信仰でなくてはならぬ。而して道徳は信仰より導入されたるものでなくてはならぬ。智的ではだめ也。

のである」とおっしゃったのです。こういうところに先生の偉大さがあります。このような先生の心づかいが尊いのです。

昭和十三年の四月に書かれた原稿があります（七十七ページ、資料⑧）。この原稿を書かれた時も博士はだんだんと倒れていくのです。後ろでもう一人の人が抱いているのですけれども倒れてしまったのです。もう字が書けないのです。

最初に棒線が二本書かれています。私たちにはこれが字に見えるのです。中に「、」点がたくさんあります。原稿を清書いたしますとこれだけのことが書いてあるのです（七十八ページ、資料⑨）。最初の二本の棒線は何かというと「モラロジー」、後の棒線は「最高道徳」です。これは書生しか読むことができません。晩年はもう余分なエネルギーを使うことはできない、しかし、最後の結論まで書かなければならないわけですから、このようになるのです。

先生は紙面に向かって敬礼して祈り、そして、私たちが渡す筆を執って執筆なさるのです。後ろから脇のところを側近の婦人が支えています。しかし、体が傾いていきます。でも先生は懸命に筆を運ばれます。老眼鏡が鼻めがねになってしまっていきます。書生は前からしっかりと筆の先を見ています。ぐらっとされた時、筆が黒点となってしまいますが、前に書かれた文字をしっかりと覚えていなければなりません。黒点によって前の字が消えてしまいますのでしっかりと見ていなければならないのです。また、ぐらっとしますと文字が左右に振られますので、書いた順をしっかりと記憶していなければなりません。これが先生の晩年の執筆の状況です。

先生は書き終わりますと、痩せた手を合わせて祈り、神前に原稿をお供えして「乾いたらおまえがこれを清書しなさい」と言われます。清書したものを博士はもう一度ご覧になりまして、また足りないところを加筆、訂正されます。そして、それを本部に送ります。それが「訓示」として出るのです。このようなお手伝いをさせていただいてまいりました。博士は紙一枚の訓示でも、お書きになる前、書き終わった時、そして、本部に発送する時、長々とご神拝をされました。二十何万枚という原稿を書かれるために、どれほど博士は祈ったのでしょうか。

慈悲寛大自己反省の精神

大正元年の大病の後遺症は、博士を痛めつけました。博士はいったん落胆するのですが、もう一度思い直して、両親の御霊を通して「これからすべてのものを擲《なげう》って、神様のお手伝いをさせていただきます、名利心などすべて取り払います」と神様にお願いしたのです。それから先生はまったく心境が変わってしまったとおっしゃっています。

法学博士の学位を授与され、あちこちの大学から招聘《しょうへい》がありました。その大学に奉職すれば偉大な教授として、奥様としても楽に暮らせると、ひそかに夢を抱いておったところ、主人は全部人様に差し上げてしまった、と奥様は申されていました。そして、先生は書いたことと行なうことが一致しなければならないとして、身口意一致の慈悲の心を求めて宗教的な修行に入るのです。そこで徹底的に宗教的体験をなさいます。

そして、ついに「慈悲寛大自己反省」とは一体何であるかということを、大正四年の出来事の時に感得するのです。教団から追放される時の先生の心境です。自分を罵《ば》倒《とう》し、自分を追放した人の幸せを祈るという心境に達せられるのです。普通ならば反論したいところでしょうが、先生は、追放した人に対して立派な指導者となっていただきたいと祈ったのです。その時のことを博士は「泥田に叩き込まれて、足で踏みにじられたような状態であった」とおっしゃっています。しかし、やおら立ち上がって、その立ち去る人たちの後ろ姿を拝んで、その人の幸せを祈ることができた、その時に初めて天照大神の天の岩戸籠りの時の反省はこのようなものであったかと気づいたと申されていました。そこで、すでに出版していた『伊勢神宮』という著書に「神宮中心国体論」という部分を加筆して『伊勢神宮と我が国体』と改題して出版することになるのです。

言外の真理と悟り

博士は一文字一文字、祈って書かれたのです。ですから「諸君たちも同じ次元に立って読んでほしい」、「わしも命をかけたのだから、諸君たちも命をかけて読んでくれ。そうしたら宇宙の真理がすべて、すみやかに理解することができるぞ」とおっしゃっていました。「そうしたらこの文字は単なる活字ではないぞ。宇宙の真理は有限な言論では説くことができない。あらゆる学問の成果を踏まえたが、完全に説き明かすことはできなかった。だから歴史的な事実や社会的な事実を列挙して、なお自然科学の原理で証明してあるので、わしの言うことを信頼して、その事実から『言外の真理』を悟ってほしい」とおっしゃっています。

そこで先生は大講堂で別科生に対して「モラロジーは悟りの学問である」ともおっしゃっているのです。『論文』の格言のところで「悟る」、「信じる」という言葉のあるところを全部抜き出してみますと、それらはすべて「天地の法則」に対する言葉として説かれていることに気づくはずです。

「悟る」とはどういうことかというと、皆様が人様の幸せを祈って努力させていただいた、その時に、相手の人が「あなたのおかげで家の中が明るくなりました、どうもありがとうございました」というお礼がきたとします。その時、「私は、まねごとをさせていただいて、お取り次ぎをさせていただいただけなのに、あのお宅はあんなに喜んでくださった。なるほど……」と感じたとします、その「なるほど」というところが「悟り」であると広池博士は説いていらっしゃいます。ですから、実行した人しか「悟り」という境地を味わうことはできないわけです。人様の幸せを祈った時に、「なるほど、先生が命をかけて書かれた教えだなあ……、祈りの込められた学問だなあ……」と感じることができるのです。その上で、私たちも祈りの心をもって人様の心を考えて、「幸せになっていただきたい」と祈ることが大切です。博士はこのことを、一生懸命に説いておられるのです。

温かい思いやり

次の原稿には「モラロジーは科学と哲学と道徳と宗教との四者が渾然一体となってでき上がったものである」と書かれています（八十五ページ、資料⑩参照）。ここには、温もりのある愛情が、その根底に流れています。親がわが子を見つめる時の温もりです。その温もりを、相手の心や立場をよく考えたうえで、その人の徳に合わせな

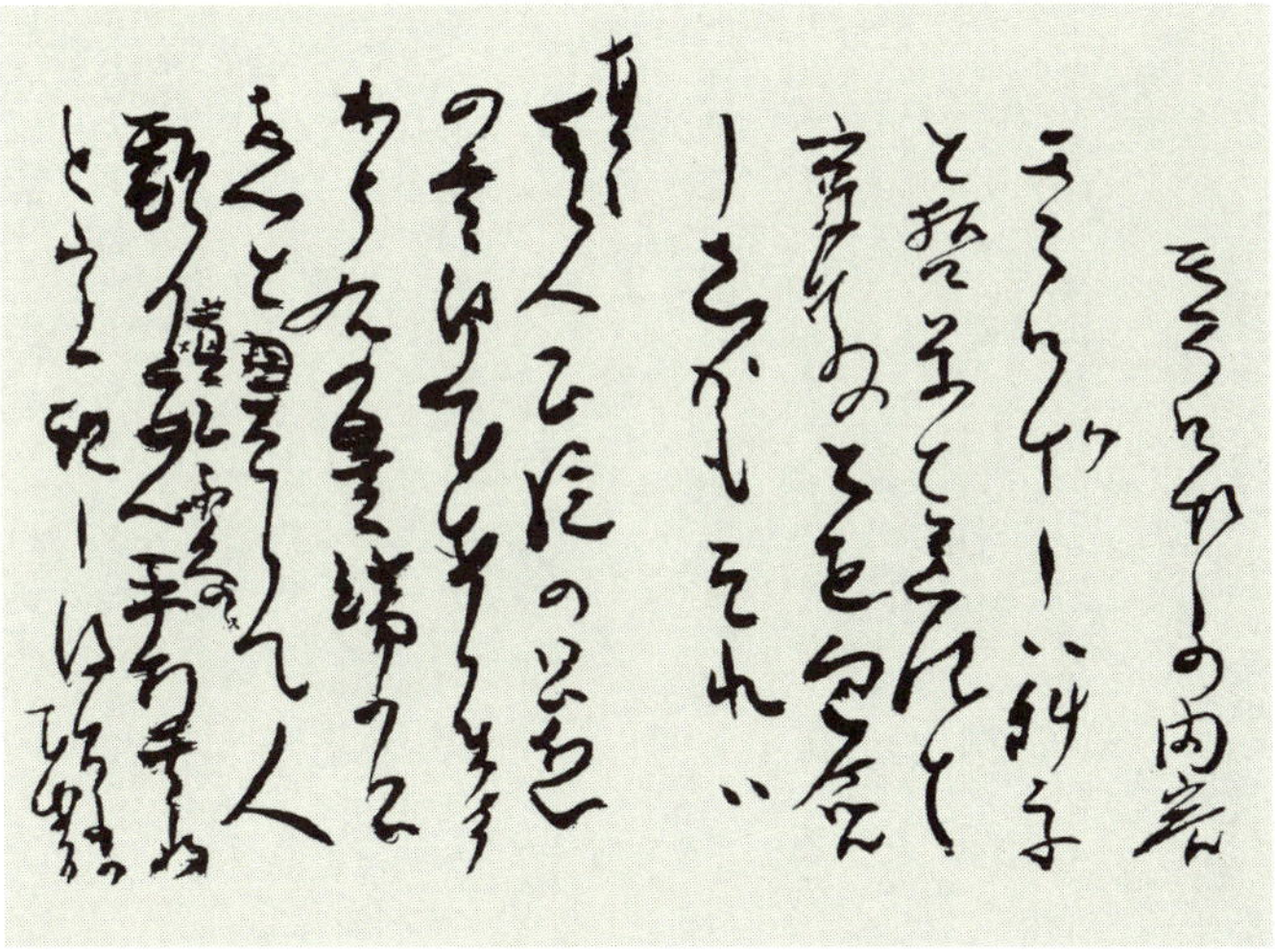

資料⑩

モラロジーの内容
モラロジーは科学と哲学と道徳と宗教とを包含し、しかもそれは真に聖人正統の思想の全部でありますから右の異端の思想と異りて人類の真に永久の安心平和幸福を実現しうるものであるがら、諄々と説いていけばよいのです。

私たちは、ともすると直言してしまいます。「人心救済をしないと滅びますよ」とか、「あなたは不徳ですね」などという言葉をつい出してしまいがちです。「不徳」という言葉は、決して人に対して言うものではないのです。もし人様に「不徳」ということを言いたかったら、「あなたは運が悪かった」と言うべきでしょう。「あなた運が悪かったねえ、今度は運がよくなるように私と一緒に勉強していきましょう」と言えばいいのです。「不徳だね」などと言われれば、言われた人は自分はもう助からないと思ってしまいます。

言葉には使い方というものがあります。直言はいけない、高圧的ではいけない、押し売りではいけない、いやがっているのに無理やりに押し込もうというような開発の仕方はいけないのです。相手の人はたまったものではありません。いやだ、いやだと言っているのに、口の中に食べ物を押し込まれているようなものです。やはり、お話をする時、場所、順序というものがあります。相手の人の立場に立つことが大切であるのです。

「相手の立場」に立つといった場合、他人のことだと思ってしまいますが、もう一つ対象者があることを忘れてはなりません。神、仏、そして「精神伝統」です。広池博士の写真の前で拝礼しますが、その時に、失礼な表現ですが、相手つまり、神仏、もしくは博士の立場に立ってみるのです。これが「相手の立場に立つ」ということです。単に向かい合っている人だけを意味するものではないのです。さらに人間だけを考えていたのでは不十分です。また相手の人が聞いてくれなかった時、自分の愛情と表現力の足りなさを反省するのです。相手に対して決して「だめだ」ということを言ってはなりません。

モラロジーは科学です。善は善、悪は悪とはっきり言っています。モラロジーには「こう思います」、「概してこうです」、「多分そうでしょう」などという言葉はありません。博士の前で「させていただきます」という言葉を使うと注意されたものです。「神様の前でさせていただきますはないだろう。やりますと言いなさい」と注意されるのです。

伝統の大恩

善悪の標準、天地自然の法則について、だれが私たちに教えてくれたのでしょう。原因と結果との関係、「善悪の標準」も天地自然の法則は瞬時といえども静止することがなく、刻々として私たちを育《はぐく》んでいるのです。私たちの細胞の新陳代謝も決して停止することはありません。各自の運命や徳も同じなのです。その事実を教えてくださったのが「精神伝統」であるのです。「精神伝統に助けられたる現実の大恩」と、原稿には書かれてあります。この大きな「恩」に対して報いていかなければなりません。報いるにはどうすればよいかというと、「各自が幸せになること」しかないのです。「とこしべに我が魂はここに生きて、御教え守る人々の生まれ更わるを祈り申さん」の辞世のごとく、私たちが幸せになった時に博士の恩に報いることになるのです。人様の前でものをしゃべることなどではないのです。立派な家庭を築き、社会に貢献するような子孫を育てることが、その「大恩」に報いることになるのです。

神仏は異名同種

次に、神様を身近に感じるにはどうしたらよいでしょうか。因果律が神様であるということは、どうしたら納得することができるでしょうか。皆様が一番よく知っている「あなた、そんなことをしたら罰が当たりますよ」というのは「悪因悪果」を示したものです。「よいことをしましたね。神様、仏様からお守りがありますよ」、これが善因善果です。「人を大事にしなさいよ、そうすればあなたも大事にされますよ」、「人様を粗末にするとあなたも粗末にされますよ」。これは宇宙の一番大きな真理です。このことがなかなか納得してもらえないから、モラロジーという学問が必要になったのです。

しかし「因果律様」といって拝むことはできません。そこで私たちは「神様」という言葉を使うのです。では「神様」、「仏様」はどのようなものでしょう。博士の原稿には「神仏は異名同種である」と書かれてあります（**九十ページ、資料⑪**）。

神様、仏様という言葉は異なっていますが、「皆様を幸せにしたい」という心は同

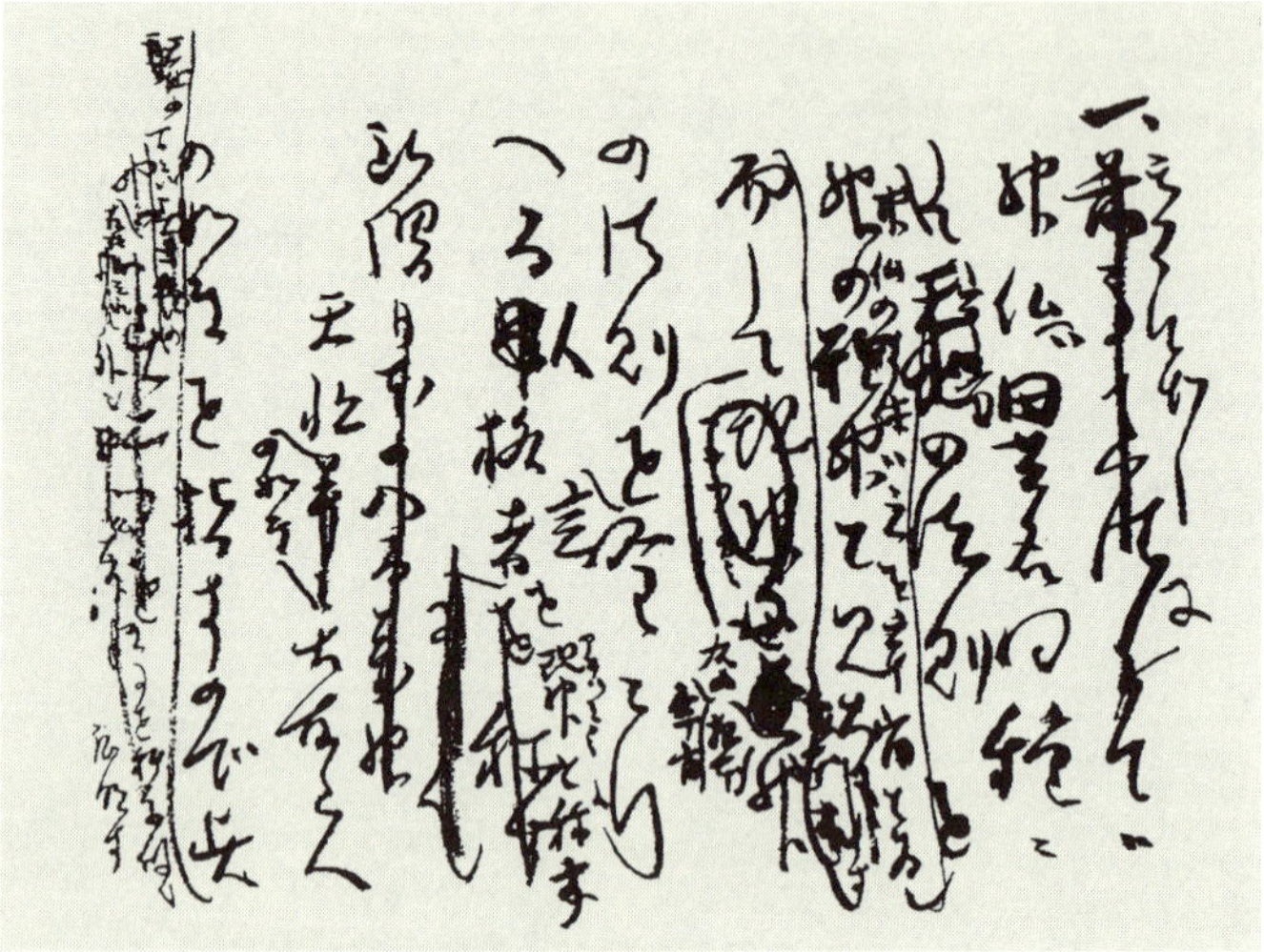

資料⑪

モラロジーにては神仏は異名同種にして神仏の形体は之を宇宙と為し、宇宙の法則を神の精神と見なす。而して、右の宇宙根本神の法則を完全に行へる人格者を現神《あきつみかみ》と称す。所謂天祖の如き、古聖人の如きを指すので此天地間には此二種の神が存在し、これより外に神仏なき事を科学的に証明す。

じです。では神様、仏様の姿をどのように見るかということですが、博士は「神仏の形態を宇宙と見る」とおっしゃっています。自然の法則そのものを神とみなすのです。しかし、これでは拝むことができません。そこで、この自然の法則に従って実行された方がいます。それは聖人です。たとえば、お釈迦様を通して天地自然の法則を知るのです。極楽浄土に行くのにはどうしたらばよいのかと問い、「慈悲の精神で努力する」ということを知るのです。

人様をいじめたり、いやなことをすれば、あなたは地獄へ落ちますよと、天地の法則を説いているのですが、これだけではあいまいですから、「これくらいならよかろう」と、「小悪」を犯してしまうのです。自分自身をごまかして不正を行なってしまいます。手錠がかからないまでも、心の中で苦しみます。そして、その結果が家庭やその人の運命に影響を及ぼしてくるのです。

また「神様を頼りたくなる、すがりたくなる、恋しくなってくる」と書かれてあります。そのように思った時に、神様はずっと近くにいるのです。「そのようにならない人は、いまだ利己的本能から解脱し得ない人である」とあります。

「人間の精神および行為の因果律を科学的に教えるをもって、その教育の基礎確固たり」とあるのは、モラロジー教育というものは、因果律というものが基礎となっているることを示されているのです。「小人は天命を知らず」とは、徳のない人は因果律の存在が分からないということです（二十六ページ、資料③参照）。

モラロジーの原典について

次に原典について少し申し上げます。原典本位というのが博士の立場です。原典については、一言も増補したり削除したりしてはならないと申しておりました。「私が天地の法則に通達して書かせていただいた文字である」と申されています。「いかなる時間の経過、時代の変遷あるも、私の書かせていただいた原典の真理は変わらないのである」とも書かれています。しかし、「時代の変遷によっては表現の仕方は変化させてもよろしい」とおっしゃっていました。また「精神の未熟な者が原典に手を入れることはできない」ともおっしゃっていました。博士は原典に対して自信を持っていらっしゃったのです。それは「文字ひとつも点ひとつもすべて祈ったのである」という信念に裏付けられているのです。

広池博士の講演

私は関西・九州旅行に随行させていただきました。大阪講堂での講演では、道頓堀の大野屋旅館に三時頃においでになって会食をされ、博士は演壇に立たれました。その時、私は博士の原稿を持って博士を抱いて演壇に上がりました。私が降りようとすると、博士が「ちょっと待て、わしは演壇に上がる時に軽いめまいがしたので、壇上で倒れるかもしれん。おまえは、その毛布といすを持って、わしの後ろに座っていなさい」とおっしゃいました。博士は、白金カイロを二十個ほど体に付けまして、私は約五十個ほどを風呂敷に入れて持っているのです。「わしが倒れてしまう前に抱きとめなさい」とおっしゃっていました。

私は博士の左後ろに座っていました。その時の演題は「最近の物価騰貴につき、商工業者に警告」というものでした。インフレのために、大阪の実業家が、どうやったら最高道徳的な商売ができるのだろうか、と悩んでいるのです。それに対して博士は「最高道徳的経営法」ということを話されたのです。博士は皆様が一番困っている問題について話されるのです。その話の中に天地自然の真理を諄々と説かれていきました。たいへん具体的な内容でした。

まず、あなたが使っているところの社員、店員の生活を安定させなさいとお話しになりました。当時は、赤字経営でとても月給を出すことができないのが普通です。それに対して、まず店員の家族のことをも考えて何割増しかの給料を与えなさいというのです。すると社員は、「会社は赤字なのに、私たちの家庭のことを思ってこんなにまでしていただいて……、しっかりやらなければ……」と感じて、皆が仕事に精を出すことになるというのです。さらに物の仕入れ方、買い付け方など実に具体的な指導でした。これが昭和十二年五月十三日の一時間二十分にわたる講演の模様です。そして、一日おいて、十五日は広島へまいりました。この時のことは先年出版いたしました『随行記録・晩年の廣池千九郎博士』（広池学園出版部刊）に詳しく述べてあります。

祈り方

この広島での講演は一時間四十五分ほどでしたが、有識者の人たちがたくさんいらっしゃいました。広島教育会館に入りきれないほどでした。そのために壇上にまで聴講者がいっぱいになるほどでした。

広島は仏教の盛んな土地柄ですので、「仏様」という言葉を多く用いて天地の法則を説かれました。仏様の心を心として、そして、衆生済度、人心救済をしなければだめですということを申されていました。また「あなたたちは拝むだけだ、利益を与えたまえ、健康を与えたまえと祈るだけではだめです」と。そして、なぜだめなのかということを諄々と説かれました。「聖人の教説、教訓はそんなことは言っていませんよ。神様、仏様のお手伝いをさせていただきます、そのお手伝いをしなければだめなのです」という主旨でした。

「どうぞお守りください」というところまでは同じなのです。従来はそこで「チーン」と鐘を打ってしまいます。鐘を打つのが早すぎるのです。博士の教えに従えば、この後、健康とわが家が順調であり、そして、少しでも教えに従って社会の利益になるような方々を開発させていただきますから、どうぞお力を拝借させてください、というように祈るのです。ここに「お手伝いさせていただきます」という祈りが入るのです。この点が従来の信仰と違うところなのです。

自分のことはどうでもいい、などというのはどうかしています。自分のことを祈るかわりに神様や仏様の喜ばれることをさせていただくというのが広池博士の教えです。その喜ばれることをすると、その人の家がなぜ万世不朽になるのかというところを科学的に論証されているのがモラロジーの原典なのです。

最高道徳の実践原理について

『論文』の一章から七章までの間に、「道徳科学」の科学たる理由が展開されています。また、八章から十三章までの間に、聖人の教えを中心とした進化・退化の法則の実相が述べられています。そこまで読み進んだ時、私たちは「慈悲の心でなくてはだめだ、利己心ではだめだ、自然界には偉大な法則が存在しているのだ、瞬時も止まることのない偉大な法則があるのだ」ということをしっかりと把握します。

そして、第十四章に静かに入っていきますと、最初に「神の原理」が説かれています。「実在」、「本体」、「絶対神」ということが展開されています。この文の中に「第三章参照」と書かれてあります。そこで第三章を開いて読みますと、「この自然界には原因のない結果は一つもない」ということが書かれてあります。奇跡も偶然も、不思議なことも一つもないというのです。すべて原因あっての結果であるということが書かれてあります。「もし不思議なことがあるならば、諸君たちはよほど知恵が足りないのである」とおっしゃっています。

そして、第十四章に戻ってみますと、この天地に存在する原因と結果の法則を、博士は「神の法則」として説かれていることが理解できます。この点を納得しますと、次に「伝統の原理」が出てきます。「伝統の原理」とは「精神伝統の原理」が中心をなしています。天地の法則を解明して教えてくださった恩人の存在の大切なことを説いているのです。その「精神伝統」に仕えることによって、私たちはよい国民となります。人様の幸せを祈りますから、当然よい国民となるのです。つまり国家伝統を尊重することになります。親を大事にし、祖先を大切にするのですから、当然「家の伝統」を尊重することになります。このことを経て「精神伝統」への尊重の念が出てくるのです。「精神伝統」は、順番からいいますと三番目にありますが、すべての底辺にあるのです。

この「精神伝統」の大恩に報いていくという心が、「国の伝統」、「家の伝統」、そして「社会生活の伝統」への報いとして具体的に表われてくるのです。すなわち、この自然界のすべての生物の平和、共存、共栄を祈る心となり、これを実行していく、これが天地の公道を歩むということなのです。

「寒の地獄」での広池博士

次に広池博士の最晩年のご様子を申し上げます。まず、私にとって最も印象深かったのは、九州大分県にあります「寒の地獄」へ随行させていただいたことです。

なぜ寒の地獄へ行ったのかというと、昭和三年に伊勢神宮へ参拝され『論文』をお供えした博士は、その時に、皇室への御進講をさせていただきたいというお願いをなされました。賀陽宮殿下へ御前講義をさせていただいて、この世を去る決心であったのです。それが昭和十二年になって実現の運びとなりました。しかし、博士は体が弱ってしまい、若い頃から行こうと思っていた「寒の地獄」へ行くことを決意されたのです。この「寒の地獄」は摂氏十四度の冷鉱泉です。これに入って極衰した末梢神経に衝撃を与えて、そして、少しでも生きながらえて、御前講義を全うし、この世を去ろうとご決意されたのです。昭和十二年の五月七日に出発され、六月十二日に帰ってこられました（前出『随行記録・晩年の廣池千九郎博士』参照）。

現在の「寒の地獄」は電灯もつき、交通の便もよくなっていますが、当時はランプ生活でした。そこに三人の随行員が博士のお供をして行ったのです。現在は家がありますが、当時はまったく家はありませんでした。今は新道となっていますが、当時は旧道だけでした。非常に荒れた道です。そこを博士は籠に乗って行きました。到着早々、博士は疲労困憊されてしまっていました。そのうちに天候が不順となり、たちまち暴風雨となりました。博士の入るお風呂は家の外にあるので、渡り廊下を通らなければ行くことができません。持参した携帯用のお風呂に冷泉を入れ、それを普通の温泉の温度にまで温めなければならないのです。しかし嵐が激しくなってきました。

先生はだんだんと発熱・発汗されて、副交感神経の異常興奮から、ついに激しい発汗状態となりました。約四十分間隔で発汗されます。四枚、五枚と重ねて着ているシャツを上まで通してしまうほどの発汗です。そうしますと脱水状態に陥っていきます。そこで、お水を飲んでいただき、「おもゆ」のうすいものを飲んでいただき、水分を補っていただきます。目がかすんで見えなくなってまいります。

「先生、嵐ですので、あの渡り廊下を渡ることができません」と申し上げますと、「そうか、ではわしの体を拭いてくれ」とおっしゃいました。シャツを取り替えながら拭きました。夜はランプの明かりのもとで、先生の体を一生懸命に拭きました。そして、夜中に一度嵐の中を風呂の加減をみて戻ってきますと、「井出さん、大先生がお呼びですよ」と言われました。先生のもとへまいりますと、「おまえは、わしを背負って風呂に行くように」と申されました。「はい、分かりました」と言って、私は今行ったばかりのお風呂場へもう一度行きました。

何をしに行ったかというと、途中の渡り廊下が折れはしないかどうかを調べに行ったのです。もし、博士を背負っている時に折れたらどうなるでしょうか。下は岩盤、岩がゴロゴロしています。そこへ転落すればたいへんなことになってしまいます。私一人が転落するならばたいしたことはないが、博士を背負って転落したならたいへんなことになってしまうと考えたからです。足で強く踏みつけてみましたが折れない、その次に下へ飛び降りました。そして、地上一メートルほどのところにある手すりのない幅七十センチの橋にぶらさがって、折れるものなら、いまのうちに折ってしまおうと考えたのです。しかし、橋は折れませんでした。そして、部屋に戻ってきますと、博士はすでに頭にタオルをかぶって待っていました。

私は博士を背負いました。そして、二階から階段を降りて一階にまいりました。そして、廊下との間にある一枚の戸の前までできました。戸を開ければ渡り廊下です。そこに立った時、私は自分の心臓が破裂しそうになりました。あれほど苦しかったことはありません。「転倒したら、どうしよう」という思いが、どうしようもなく襲ってまいりました。博士の体重はまったく分かりませんでした。そうしていると、私の頭の中がスーと空になってしまいました。嵐も何もない静寂な一瞬でした。その時、私の左の耳のところに、博士の三十九度という熱っぽい息がかかってきました。その瞬間、私は「開けてください」と叫びました。その時、現在岡田先生の奥様でいらっしゃる俊子さんが「ガラッ」と戸を開けました。雨がバァーッとかかってきました。私は、一生懸命に歩くだけです。少し足元がすべるのですが、ともかく、足の親指に全神経を集中させて、「転ぶものか、転ぶものか」と歩きました。そして、無事に到着しました。

博士にお風呂に入っていただき、すぐに渡り廊下へ行き、今すべったところを平たい岩を拾ってこすってきました。そのため、少し時間がかかってしまいました。急いで浴槽のところへ行きますと、博士はすでにお風呂から出ていました。私は博士をもう一度背負って部屋へ戻りました。その時、博士は次のようにおっしゃいました。

「わしはいま神様のお手伝いをしているのだが、歩くことができないのだ。いいか、今おまえはわしを背負って浴槽まで行った。とするならば、おまえも神様の手伝いをしているのだ。事故はない。しっかりやれよ」と。その後朝までに三回ほど入浴されました。そのたびごとに背負ってお連れしたのですが、事故はありませんでした。

その間に博士は原稿をお書きになるのです。その頃、菊池武時の事跡のところの原稿をお書きになっていました。その原稿を机の上に出すように言われました。その時の様子（**一〇三ページ、資料⑫参照**）を思い出しますと、ランプ三台の明かりしかあり

資料⑫

ません。懐中電灯があったのですが、入浴にお連れする途中で岩盤の上に落としてしまい、こわれてしまいました。博士は三台のランプの下で筆を執っていました。「よく見えないぞ、よく見えないぞ」とおっしゃっていました。「紙を取り替えてくれ」と申されますので、新しい和紙を台の上に置きました。三枚、四枚、五枚と書かれました。書き終わった原稿は順序をまちがえないように集めました。「おまえは清書しなさい」、「はい」と。そして博士は休まれました。

　私は先生のお姿を見て、このようなランプの下で、このようにお苦しみの中で、四十度近いお熱の中で、人様の幸せのために筆を運んでいる。その様子を実際に知っているのは、たった三人だけです。私は本当に感激、興奮しました。モラロジーを学ばれる人が、このお姿を拝したならば、どれほど素直な気持ちとなってモラロジーを聞くことができるだろうと思いました。

その時、私は直ちに原稿の清書ができませんでした。博士の「人間ではない」お姿を拝して、清書することが、しばしできなかったのです。たまらない気持ちになったのです。私たちは二十四時間勤務しているようなものですから、ろくに寝ていません。しかし、そんな疲れもどこかへ飛んでしまいます。思考力はゼロになってしまうほどです。言われたとおりにしかできないという頭になってしまいます。今日は何曜日かということすら、分からなくなってしまいます。空腹になってまいります。博士のために「おもゆ」を炊くのですが、「おもゆ」のところを博士がお飲みになって、あとの「お粥」のところを三人で分けて食べるぐらいでは、とても腹の足しにはなりません。あとは持参した缶詰を開けるぐらいなものです。二十歳の青年には空腹はたまらないものですが、しかし、博士のお姿を思い見る時、それすら感じませんでした。

これが「寒の地獄」での印象的な出来事です。この後、久留米へ行き、博多へ泊まりました。六月四日、五日は九州に行ったのです。博士はお亡くなりになります一年前に、ご自分の郷里の景色をすべて脳裏に納められています。しかも、阿蘇山系の中にあります「寒の地獄」から、はるか昔、少年の頃に見た風景をもう一度回想されておられたのだと思います。そして、六月五日に関門連絡船で下関にまいり、広島へお泊まりになりました。そして、大阪、京都を経て帰途についたのです。こうやって博士の最後の四十日間のご旅行が無事にすまされました。

この間に、折にふれて数多くの指導を受けたのです。この講話の最初のところで申し上げました博士の教訓は、ほとんどがこの旅行中で拝聴した時のメモに基づいたものです。博士は同じことを何回も何回も繰り返しておっしゃるのです。親がわが子に何かを教える場合、たった一度しか言わない親などはありません。子供がのみ込むまで、分かるまで、上から、下から、横から、縦から一生懸命に話して聞かせるのが親です。それが本当の「思いやり」です。博士はいつも同じお話をしてくださるのです。だから、モラロジーの原理を完全に掌握することができるのです。

たとえば、自我没却とはどういうことかというと、慈悲の精神になった時です。慈悲の精神になっただけではだめですよ、これが行動に移ると「人心の開発救済」となります。人心救済を累積させていただくということは義務を先行していることとなるのです。積善に通じるところの「義務先行」となるのです。このことを科学的に合理的に教えてくれた方が「精神伝統」です。私たちが至誠慈悲で努力しますと、「伝統祖述」となるのです。このことは、最初に申し上げたことと重複しますが、このことを繰り返しおっしゃっていました。そして、博士の教訓は家庭の中で、だれでも実行することができるかたちで示されているところが特徴です。

最晩年のこと

昭和十三年六月四日午前十時五十五分、博士はお亡くなりになられました。五月四日から口をきくことが困難になりました。五月十九日のことです。この時、次長先生(二代千英先生)を枕元へ呼ばれて、遺言(家憲)を渡されました。その時に博士は、お苦しい中で次のように申されました。「千太郎の時代が一番難しい時代となる、おまえは青年をしっかり教育せよ。若い時に入ったモラロジーは決して忘れないから、いいか」。おそらくこれが博士の最後の言葉であったと思います。あとは筆談となりました。十九日、午後二時頃です。

これが青年研究会の始まりです。二代先生は青年の教育に尽力されました。この博士の言葉を守って三代先生を中心とした青年の夏期講座が始まったのです。これが青年部活動の原点です。また子孫が困ることのないようにと、ご自身のお葬式のことまでしっかりと指示されていました。

そして、大穴に移りました。五月の下旬です。その頃から博士夫人は、つきっきりとなりました。奥様は「やっと主人のそばに来ることができました。長い間離ればなれでした。こうやってそばへ来て、一生懸命にお話をするのですが、もう主人から返事をもらうことはできません」と申されていました。それでも夫人は博士の右の手をしっかりと握って、大きなお声で耳元で昔のことなどを話されていました。

私は二代先生から「井出君、君は父のことはなんでもよいから記録をとるように」と言われていましたので、大穴の洞窟の中の温泉のほうにいく廊下にいつもおりました。博士のところから直線にして一メートル半ほどしか離れておりません。そこでメモを用意して待機していました。午前三時頃、今までまったく声を出すことができなかった博士が、急にかすれたような声ですが、お声が出ました。私は緊張してお部屋に入り、耳をすませていたので聞こえたのですが、すぐにメモを用意し、書き取る準備をしました。博士のほうにずっと近寄りました。奥様は、体を乗り出してご自分の耳を博士の口の所へ持っていきました。

その時、博士は何と言われたかというと、「ありがとう……、モラロジーができたのも、塾ができたのもおまえが一番の功労者だ」。その後、「あ……」とおっしゃいました。おそらく「ありがとう」とおっしゃりたかったのでしょうが、音声になりませんでした。これが今生最後の言葉です。ご主人から奥様へ「内助の功」に対する感謝の言葉です。そこには二代先生も、三代先生もいらっしゃるのです。しかし、奥様にだけお礼を言って逝かれました。モラロジーという学問は決して博士お一人がつくったものではないのです。奥様が、後ろから支えていたのです。どんな貧乏の中にあっても子供を育てながら、がんばってこられたということを忘れてはなりません。

そして、奥様はお立ちになって「皆様、ここへ来てください。今主人からこういうことを言われました。私は今までに何度となく、死んだほうがましだと考えたこともありました。しかし、今の主人のあの言葉ですべての苦労が全部打ち消されました。もうわずかな命しかないと思います。どうぞ、皆様お疲れのところ申しわけありませんが、もうしばらく主人の看病をお願いいたします」。奥様は私たちの前で丁寧に頭を下げられました。そして、博士の枕元に行きました。

最後のご入浴

私たちも二週間ほど満足に寝ておりませんので、フラフラなのですが、またそれぞれの部署につきました。それから七時頃、いよいよ二代先生とともに最後のお風呂に入られました。「父は温泉が好きだった、せめて息のある時に、感覚のある間にお風呂に入れたい。今までは諸君たちに入れてもらったが、これから僕が入れる。用意してくれ」とおっしゃいました。

現在の大穴の記念館に行きますと、「大先生用」という四角いお風呂があります。私は、その時、お風呂の準備をしておりました。三十八度の温度にセットしてあります。そして、まず二代先生が温泉に入られました。そこに博士は白いネルじゅばんを二枚重ねて着、同じネルの腰巻を着られ、二人の人に抱えられて、二代先生のお手にお渡りになりました。博士を抱かれた二代先生は静かにお湯に沈みました。そして、片手で博士の後頭部に温泉をかけられました。「父上、今お風呂に入っています。お分かりになりますか」と一生懸命に話しかけていらっしゃいました。博士からは何の返事もありません。一点を見つめている様子でした。

私は反対側でバケツを持っていました。三十八度の温泉を四十一度、四十二度に上げなければなりません。五十度ぐらいに沸かした温泉を風呂の角のところからゆっくりと入れました。そのうちに湯気のために温度計の数字がくもって見えなくなりました。博士の手がだんだんと震えながら胸のほうに近づいていくのが印象的でした。今でもその時の様子が見えてきます。

二杯目のバケツを持った時、二代先生が「出るぞ」とおっしゃいました。その時博士の手が胸の所にぴたっとついていました。これではじゅばんを脱がすことができません。「だれか鋏《はさみ》を持ってきなさい、父のじゅばんを切る」とおっしゃいました。二代先生は博士の脇の所に手を入れています。「井出君、君は腰の所を支えなさい」と言われました。私は博士の腰を持ち上げました。ちょうど博士の肋骨《ろっこつ》の所が目の前にきました。その肋骨の間にじゅばんが食い込んでしまっているのです。深々と食い込んでいるのです。皆様ご存じの「我が身自らたいまつと為りて世界を照らすなり」のとおり、骨の上に皮がついているだけのお体なのです。思わず大粒の涙が出ました。じゅばんを取ったあと、腕の所に注射のあとが痛々しく残っていました。そして、最後のお召しものを着られ、お部屋にお休みになりました。

そして、全員がお部屋に入りました。私は博士の右の脚の膝の所に手を当てました。そして、布団の中に手を入れまして、博士の膝の所を押さえました。そして、二十歳の若いエネルギーを何としても……、と念じて、布団の上に顔を埋めて祈りました。体の回りには約百個の白金カイロが付いています。博士の体がだんだんと冷えてきました。熱いのはカイロのみです。こちらの気持ちがだんだんと切なくなり、たまらなくなってくるのです。そして、十時五十五分に博士はご昇天されたのです。「心のいれものである身体はやがてなくなる。しかし心、魂は永遠である。身体はもう使い果たしてしまった。ボロボロじゃ」ともおっしゃっていましたお言葉を思い出しました。

富岳荘の門をお入りになる時に門札をご覧になったと思います。この富岳荘のこの部屋にも博士は来ていらっしゃるのです。「富岳荘」という文字の右に「友遠方より来たる」とあり、左に「皆道を得て還る」とあります。ご自身の亡き後に正しくモラロジーを理解してもらうために『論文』の執筆、編纂をされた部屋を遺されたのです。この門札の言葉を熟考すれば学祖の御心が分かります。このように考えて一生懸命モラロジーの教えに従って精進しなければならないと思います。

これまでお話ししたことを踏まえて、モラロジーの講義を立体的に把握していただきたいと思います。文字の背後に、命をかけて執筆されている博士の姿が見えてきた時に、私たちはすばらしい道徳実行の領域に入ることができるのです。何も無理して入らなくともいいのです。素直になればいいのです。抵抗なしに入ることができます。自然の法則はすばらしいですよ。「我、神とともにあり」という心境です。広池先生と口をきいたらいいのです。「これから行ってきます」、「これから当番にでかけます」と話しかければいいのです。「今日、がんばります」、「お願いします」と言ったらいいのです。ちゃんと博士は返事をしてくれます。私は、このような心境をいつも持っています。そうすると、心がおのずから安定し、楽になります。皆様が今日のご見学を期して、より充実した情理円満の理解をなされ、講座生活を送ることができますようにお祈りいたします。

広池博士の教え（三）

はじめに

平成四年五月三日、御殿場生涯学習センター「青年講座」における特別講義（畑毛記念館）

御殿場で開催されるこの青年講座も五回目となりました。毎回、畑毛記念館を見学し、モラロジーを学び、最高道徳を実践することへの意志を新たにしていただきたいという気持ちを込めて、学祖の直々の訓《おし》えをもって話させていただきます。今日は、皆様すでにモラロジーについての基本的な学習を終えたという前提でお話ししてまいります。

私たちは塾生の頃、広池博士から「モラロジーとは天地自然の法則を学問的に説明したものである」という言葉をよく聞きました。道徳を科学的に証明したものであるとは書かれていないのです。天地自然の法則を学問的に組織して、実社会に即して説かれたものなのです。

そのことは、『論文』を後のほう、つまり第十五章から読み進んでいくと、よく分かるのです。なぜかというと、自然の法則を説いているのが後の部分（第十五章）にあるからです。前から読んでいくと道徳を科学的に証明したものであると思います。

ところが、後ろまで読み進んでいくと、天地自然の法則を科学的に説明して、われわれの日常生活の指針として、分かりやすく進化の道を説いたものであったということが分かるのです。

広池博士の教え方

今日は、道徳科学専攻塾と同じようなスタイルで講話をいたします。すべて博士の直筆の原稿をもとに講話をしてまいります。また直接にうかがったお言葉を入れまして、私感を交えずに申し述べます。

あまり聞き慣れないような言葉や表現もあります。今まで学んできたモラロジーについて、勘違いしていたというようなところも出てくるでしょう。自分は少し遠回りしていたなということも感じるでしょう。最高道徳というものは、もっと身近にあったのだということにも気づくでしょう。さらに、そんなに難しいものではないのだなということもお分かりいただけると思います。

最高道徳というと、難しくて、何やら「裃《かみしも》」を着たような窮屈なものであるかのように思っています。実は自然体でスーッと入っていくのが最高道徳なのです。スーッと自然に入っていくことができないのは、利己的本能に支配されているからなのです。形にとらわれたり、体面を繕《つくろ》ったりして、余計に頭を使うのです。最高道徳は人様を幸せにしたいという心で、相手の人に接していけば、それでいいのですから、そんなに難しいものではないのです。

そのためには、最高道徳の実行は「最高道徳の格言」にありますように、「他を救うにあらず己れを助くるにあることを悟る」というところに焦点を絞ることが肝心ですが、モラロジーを実行して徳を積むのだと思ってしまうところが、そもそものまちがいなのです。「徳を積む」というのは、第三者が客観的に見た場合のことであって、本人は「過去累代の義務弁償」ということを心がけていくのです。ここが大切な要点であるのです。

また、われわれは今まで天地の法則などというものは知らなかったのです。知っていたとしても漠然としたものでした。そのために眼前の損得や好き嫌いのみで行動していたのです。それに対して自然の法則を、人の歩むべき道として開示してくださった方がいるのです。つまり天地自然の法則の存在を教えてくれた恩人が、すなわち精神伝統です。また私たちは、日常生活において食べたり、使ったり、着たりしているいろいろなものに対して恩恵を感じていないのです。大勢の先人、先輩の方々の恩恵を被っているということにも気づいていないのです。お金を出して手に入れたのだから自分のものではないかと考えています。それはただ使う権利があるだけです。そこで私たちは諸物に対して感謝する心が必要です。

その感謝する心が、どのように私たちのプラスになるのかということをモラロジーでは説いています。その感謝する心を抱くと脳神経が最も平穏になり、正しい考え方が自然に出てきます。それから体の中の機能の調和が保たれ、順調に活動し、自然に健康になるのです。モラロジーの著書に説かれている「健康、長命、開運ならびに子孫万世不朽」という順番は決して変わっていないということが分かるはずです。こういう点に着目することが大切です。健康であるということが第一なのです。

それから広池博士は、「天地自然の法則」と書いた場合、括弧《かっこ》して「神の心」あるいは「神の法則」と書いてあるところがあります。だんだんと章を進めていって実行篇に入りますと表現が逆になってしまうのです。つまり、「神の心」と書いて括弧して「天地の法則」と書いてあります。この表現の変化に気をつけることが大切です。「開発救済」という表現も同様です。『論文』の十四章の中でも、「開発」が省略されて「救済」となっているところがあります。つまり、精神的な救いのみが説かれているのです。結局、己が救済される、自己の品性を完成するというところがモラロジーの特色なのです。広池博士は、私たちの家が、また私たち一人ひとりが助かるようにといってモラロジーを樹立し提唱されたのです。自分が助かるための方法として人様の幸せを祈り、人心の開発救済に努力するということが、自然界の法則であるのです。これを「相互扶助の法則」と申しています。

『道徳科学の論文』第二版の自序文を読め

博士の書かれた原稿に、「天地の全法則の中に因果律の厳存することを科学的に証明し、これを十五の角度から述べたものである」とあります。人間社会にかかわるところのあらゆる角度から説いたということです。つまり、『道徳科学の論文』は十五の角度（十五章）から分解して、人間社会にかかわるところのあらゆる角度から「最高道徳」を説いているのです。

ですから、若い人たちはまず「第二版の自序文」を暗記してしまうほどに熟読することが大切です。そこには、天地自然の法則を学問の体系にしたということが、まず説かれています。これが原典に入るに当たっての基本となります。そして、自然界はすべて原因と結果の循環からでき上がっているということが説かれています。

周囲によい影響を与えるものは大事にされ、後々もずっと大切にされていきます。そして、さらに改良されてずっと残っていくのです。この「さらに改良されて」というところに「最高道徳」を入れて考えていただきます。これが私たちが教えていただいているところの「人心の開発救済」という行為です。私たちがよりよく生きていくためには、「最高道徳」によって、つまり「人心の開発救済」をすることによらなければならないというのが広池博士の教えです。言い換えれば、皆様が思いやりの心を持ってすべてに対処していくということなのです。

思いやりの心

では「思いやりの心」とは何かということです。博士は「麗澤とは太陽天に懸《かか》りて万物を恵み潤《うるお》す義なり」とおっしゃっています。ここに麗澤という言葉の意味があります。慈悲とは太陽のような心のことです。すべてのものを慈しみ育てるような心です。これが「思いやりの心」なのです。善悪を問わず、どんなに悪人に対しても、暖かい温もりを与えているのです。それを感じることのできない人もいます。私たちは、この太陽のようなすべてを温かく育てるという心の大切さに気づいていませんでした。また、そのような心になろうとしていませんでした。利己的な本能に覆われていたのです。

では利己的な本能の主体は何かというと、好き嫌い、損得の意識です。私たちはこの意識に支配されて生活しています。この意識が一番自分を苦しめているのです。

たとえば、何かおもしろくないことがあると、すぐに相手の人に向かって放言します。そして、その後で「あんなことを言わなければよかったな、悪いことをしてしまった」というように気がとがめる経験をされたことがおありでしょう。そんな時、不快感が心を走ります。そういう時に私たちはすでに生理的なバランス・調和を崩しています。これが「悪因悪果」ということです。

「今日はいいことをしたなあ。彼はたいへん喜んでくれた」。そして、後日「君のおかげで事が好転した、ありがとう」と心からお礼を言われた時、「やはりモラロジーを学んで少しお手伝いさせていただいただけで、あんなに彼が喜んでくれた」、こう思った時が「善因善果」なのです。その時の本人の心のさわやかさ、それは暖かい春の日差しのようなポカポカしたものでしょう。そのように気持ちのよい心で帰宅しますと、「ただいま」という声にもなんとなく温かさが漲《みなぎ》ってきます。それを聞いた奥さんも「今日は機嫌がいいな」と感じます。このようなところにすばらしい温かい家庭ができてくる、と博士はおっしゃっています。

私たちは個人の人格の向上とその家の永続のために生かされています。これが真の人生であり、世界の平和に通じると教えられています。

本当の人心救済

また、「人心の開発救済」というと、すぐに他人を開発する、救済するというように考えがちです。自分以外の者はすべて「人」で、二人以上は団体です。その最も小さなものは夫婦です。夫婦仲のよい温かい環境の中で子供は正しく育っていくのです。ここにも原因と結果との法則が働いています。博士は「人心救済とは人にものを説くことにあらず」、「幸せになった姿を示すことである」と教訓されています。結局、個々の人様が幸せになることが大切だとおっしゃっています。

私たちは、人心救済を、何かしら人のためにやっているような錯覚に陥ってしまいがちですが、これはモラロジーをよく学んでいない証拠です。モラロジーの原典を読んだだけでは、モラロジーの本当に深いところは分かりません。実行しなければ分からないのです。触ってみないで、持ち上げてみないで、味わってみないで、読んだだけで、よいとか悪いとかを論じていることが多いものです。実行して初めて教えの深みが分かります。「自分が食べたらこうだった、だからあなたも食べてください」と言わなければだめなのです。言葉を連ねることは必要ないのです。本当に心の底から「どうぞあなたも幸せになってほしい」という気持ちを持つことが大切です。

祈り

ここで大切なことは、相手の幸せを願う「祈り」です。「祈り」とは、私たちが最高道徳の実行に入った時に不可欠な心づかいです。「祈り」は「お願い」とも言い換えることができます。モラロジーの原典には「信仰」という言葉がたくさん出てきますが、たいていの人は「モラロジーは学問だから信仰は説いていない」と、勝手に解釈しています。しかし、博士の書かれたものの中には「信仰」ということがたくさんあります。

「至誠慈悲」というのは「信仰心」を言い換えたものです、と博士は私たちに講義してくれました。「至誠慈悲」の心が具体的な行為として表われた時に「人心の開発救済」となり、「人心の開発救済」の行為の結果、私たちはだんだんと進化の法則、天地の法則に従って歩み出すことになるのですが、その間に利己心がフッと出てまいります。「あんなに努力したのに彼はさっぱり聞いてくれないな。彼は徳がないな」と思ったならば、ここがモラロジーを理解していない証拠となるのです。

相手が聞いてくれないのは、自分の誠の心と祈りが足りない、モラロジーに対する理解が足りない、つまり自分が至らないからなのです。モラロジーを総合的な見地から理解せずに、部分的な理解にとどまっているからなのです。だから相手の人に対して「不徳だ」というような言葉をつい吐《は》いてしまうのです。

モラロジーの理解を深め、最高道徳を実行していきますと、こういうところがだんだんに分かってまいります。「なるほどなあ」と思うことがあります。これは実際に行なった人からしか出ない言葉です。人様から「ありがとうございました」という言葉が返ってきた時に、「自分はただ『まねごと』をさせていただいただけなのに、あんなに喜んでくれた。なるほどなあ、広池先生の教えはまちがいないなあ」というように思います。この時にモラロジーのすばらしさが心から納得でき、モラロジーが自分の信念となります。そして、実行を積み重ねていきます。これが義務先行です。慈悲の心に基づく善行の累積が積徳となるのです。

このことを最も端的に示しているのが「労資間の紛争」です。今は絶版となっていますが、『新科学モラロジーおよび最高道徳の特質』という原典があります。昭和五年に全文が広池博士によってレコードに吹き込まれ、さらに著書として出版されたものです。この本の第七章に「本能の原理」というのがありますが、博士は、これを吹き込まれる時に、第一章の後に「第七章」を吹き込まれたのです。これからの世の中は労働問題によって混乱に陥る、つまり、労資双方の運命の自覚の足りなさによって混乱に陥るとしています。努力をしないで、努力をした人に対して不平を言うのです。このことが原因となって世界が混乱状態に陥ってしまうと述べています。

広池博士は、この労資の問題に対して徹底的に追究されています。ですから、二代の千英先生にこの方面において訓練してもらうために、富士紡績の人事管理とか野田醤油の労働争議などに携わってもらい、そこでモラロジーの実際の体験をしてもらったわけです。つまり、これらの問題は利己的本能についての自覚がないためなのです。義務先行説がまったく分かっていないからなのです。経営者は偶然にお金持ちになったり、会社の上位にいるのではないのです。すべて累積の結果、現在の地位が与えられているのです。またせっかく上位になったとしても堕落していく人もあります。これもまた累積の結果なのです。何を累積するかが問題なのです。

天地の法則——モラロジーの全体像

自分はモラロジーが分からないというのは、「モラロジーをやったら幸福になるだろう」とか、「金持ちになるだろう」とか、「家がうまくいくだろう」、「商売がうまくいくだろう」という視点で原典を読みモラロジーを勉強しているから、少しも分からないのです。天地の法則というモラロジーの全体像をしっかりと把握していないのです。われわれは自然界の中の、さらに生物の中の「人」という種類にしかすぎないのです。とすれば天地自然の法則に従うということは当然のことではないかと考えるのです。自然界を観れば、自然界がすべて助け合っているということに気づくはずです。動物、植物、その他のすべてのものが助け合って存在しています。相手のそれぞれの立場を尊重しながら生存しています。これを「相互扶助の法則」といいます。この世の中に不思議なことも偶然も突発的なこともないことは、自然界を見渡せばしみじみと理解することができると思います。

私たちが、モラロジーの教えに接することができたのも、決して偶然ではありません。一生懸命に聞こうとしても聞くことのできない人もあります。いやだと思っても、どうしてもモラロジーから離れられない人もあります。ここにも天地の法則は厳然として存在しています。

広池博士は、かつて大講堂で「モラロジーを聞いても、ついてこれる者と、ついてこれない者とがある。これもまた祖先以来の徳による。これから諸君たちは努力しなければならない」とおっしゃっていました。そして、天地の法則ということを説明されました。では天地の法則とは何であるかというと、原因と結果との循環の法則が厳然として存在し、瞬間も静止することなく運行しているということであると説明されました。博士は、小人は「天命」を知らずと書かれています。「天命」とは因果律ということです。因果律とは天の命じるところであるということです。

幸、不幸は、私たちの努力の結果に対して天の命じるところであり、そこには必ず正否の「義務先行」があるのです。私たちは自分の目に見えなければ信じようとしないものです。しかし、目に見えないところのもののほうが、ずっと大きな力を持ち、大きな比重を占めているということを知らなければなりません。

昔日、大講堂で博士のお話を聞いておりますと、博士は「おい、おまえたち、外を見なさい、何が見えたか」とおっしゃいます。私たちは「風が吹いていました」と答えました。「おまえたち風が見えたのか。風が見えるはずはないではないか。木の枝が揺れていたのが見えたのだろう」とおっしゃいました。それは、自然の法則の説明をされたのです。自然の法則とか、神の法則というものは、ちょうど風が木の枝を揺さぶっているように、動いているという現象として目に見せているのです。しかし、その法則は目に見ることはできません。現象があるならば、必ず動かしているものが存在するのです。その動かしているものを「天地自然の法則」というのです。私たちは、その法則を実践に移そうと考えた時に、「神の法則」「神の心」と考えるのです。

神仏

博士は、「神仏は異名同種である」、その姿は「宇宙の形体である」と述べています。つまり、宇宙間に存在するすべての法則を神といい、仏というのである、とおっしゃっています。さらに「天地自然の法則は、進化と退化の二つの法則から成り立っている」と書かれています。これが「宇宙の形体」です。この法則を学問の成果、既成の宗教の説く教理、さらにはご自分の体験に基づいて、それらに一貫した原理をもってモラロジーは形成しているのです。

「進化」といった場合は「善因善果」と理解し、「退化」といった場合は「悪因悪果」と理解していただきます。ここで「言外」つまり、言葉や現象では確認することのできない世界に入ったのです。この世界は天地の法則、神の法則が、活発に脈々として動いているのです。私たちは「善いことをさせていただきます。これから開発に行かせていただきます。どうぞ力を貸してください」と拝みます。なぜ拝んだのですか。力を貸していただけると信じたから拝んだのでしょう。この言葉を発した時、皆様はすでに神を信じているのです。

皆様は神棚や仏壇に向かって祈り、お願いをします。そこには、お釈迦様の像があったり、ご祖先のお位牌があったりします。それを皆様は信じて真剣に祈ったはずです。その祈った人の心の中に、神様は存在するのです。また神棚の場合も同じことがいえるのです。両手を合わせた人の心の中に仏様は存在するのです。無事に帰宅した時、神棚、仏壇に向かって「ありがとうございました」とお礼を言うでしょう。その時の皆様の姿は「信仰」的ですね。その時、皆様はこの「自然の法則」をどのようにとらえているのでしょうか。

博士は「神を宗教的にこれを信じて最高道徳を実行する」と書かれています。「神」という文字の右傍らに「天地自然の法則」と書かれて、左傍らに「因果律」と書かれています。そして、「宗教的」という文字の傍らに「人格的」と書かれています。「人格的」に見るとは、お願いをお聞き届けくださるという意識を持つことです。外出して帰った時に、「おかげで無事に帰ることができました。ありがとうございました」とお礼を言う時、皆様はちゃんと神様を人格的に認めているはずです。ここが一番大事なところです。仏様を拝む、神様を拝むという精神作用を窓口として、自然界の大法則に参入していけばいいのです。

このことを博士は一番最初に私たちに教えてくださいました。そこで、「信仰」というと既成の宗教の信仰と混同いたしますので「信仰的精神作用」、あるいは「最高道徳的信仰」と表現しています。どのような宗教も、教祖といわれる人の体験を核として、そこから天地自然の大きな真理の一部分を採って成立したものであるのですが、ともすると他宗を排斥することがあるのです。

モラロジーは、お釈迦様の慈悲、孔子の仁、キリストの愛から、それらに一貫する原理を採って「最高道徳心」としたのですが、その核心を記す言葉を、最も一般的な「慈悲」という言葉で表現したのです。

広池博士の生き方に学ぶ

また「信仰心」という言葉の傍らに、括弧して「最高道徳心」と書かれています。博士は大正元年の大病の時、「ここまでがんばって勉強してきたのに、ここで死んでしまうのでは、あまりにも情けない」と。そこで両親の魂に拝礼して、神様に向かって「ここで死んでは困ります。なぜならば、父から言われた『神仏のような心を持った人間になれよ』という言葉、また母からの『世の中を幸せにするような人になりなさい、これが本当の親孝行ですよ、分かりましたか』という言葉を、いまだに実現しておりません。神様の手となって世界の人心の救済に尽力いたしますので、どうか力をお貸しください。生命をお貸しください」とお願いしたのです。後に博士の病は薄紙を剝《は》ぐように回復していきました。博士は両親の御霊を通して神様にお願いしているのです。このことをきっかけとして、人様の幸せを祈るということは、ただ考えているだけではだめであるとして、命がけの宗教的体験に入っていくのです。

その後、広池博士は天理中学の校長となります。そこで自ら実践することに徹します。天理中学の生徒の一人ひとりが世界を救う立派な人間となって欲しいという祈りを込めて、夜半に雑巾を持ち、便所の掃除をなさったのです。寒い朝などは手が凍《こご》えてくる、手にした雑巾が凍《こお》ってくる。思わず止めてしまおうと思ったこともある、しかし、凍《こお》ってくる手を我慢しながら「身口意一致」の体験を積んでいくわけです。

こうしたことを経て「最高道徳的体験」へと入っていくのです。神様と同じような心をもって、すべての人を幸せにしていくためには、全力で心を込めた文字を書かなければならない、すなわち自分の体験から出た文字を書かなければ人を救うことはできないという心で、モラロジーの原典の一文字一文字を書かれたのです。学者としての知識だけで書くのならば、たいしたことはありません。しかし、それでは書いたものに命が宿らない、句読点ひとつにも、仮名一文字にも祈りを込めなければ人を救うことはできないのである、とよく申されました。このような信念をもって生涯を送られたのです。

また天理教の本部員として、天理中学の校長をしていた当時、初代の管長が亡くなられました。その時、博士は追悼講演をします。その中で、信仰のあり方に触れ、「ただ『助けたまえ』だけではだめである。なぜ、人様を助けることに努力するのかということを、はっきりと認識していなくてはならない。このことを明確に認識していなければ、今後の文明人を救済していくことはできないのである」ということを、滔々《とうとう》と四時間、一説によれば六時間にわたって講演したそうです。この時に一部の幹部より批判をされて本部員を辞職することとなるのです。その時博士は「ああ、これは神様が、広池、おまえはこれから一人でやれと思し召されたのだ」と考えたそうです。そして、「これだけ世の中のことを考え、世界を救済しようとしている時に、教団の人から誤解されて本部から去らざるを得ないことになった。その時に自分を追放した人に対して、どうか、その人に罪がかかりませんようにと祈った」とおっしゃっています。

その当時、博士はすでに『伊勢神宮』というご本を執筆されており、その中で「天照大神の御心」について書かれていますが、教団の人から誤解されて本部を去らざるを得ないことになった時に、「天照大神の天の岩戸に籠《こも》られた時のご心境もこのようなものであったのだな」と考えついたそうです。そして、この時の心を「慈悲寛大自己反省」と称したのです。この心を核心として「神宮中心国体論」という論説を書かれて、『伊勢神宮』という著書に付して、大正四年に『伊勢神宮と我が国体』と改題されて出版されたのです。

原典に対する心得

これ以後、博士はいよいよ「道徳科学（モラルサイエンス）」の研究に没頭していくことになるわけです。しかし、大正元年の大病の後遺症により末梢神経の麻痺の状態がだんだんと悪化していきました。この病気は発熱と発汗を伴うものです。その苦しみを背負いつつ「道徳科学」の研究に尽力されることになります。その時に書かれた原稿が現在も保存されていますが、その中で最も早い時期に書き始められ、長い年月をかけて苦労して執筆された様子がうかがわれますのは、『論文』第十四章の部分の原稿です。この部分にこそ、天地自然の法則、原因と結果との因果律のことが書かれてあるのです。もちろん、第一章から十三章までの原稿も、長年かけて、多くの加筆・訂正を経て完成していきました。

大切なのは、博士はこれらのすべての原稿を、祈りつつ書かれたということです。『論文』の一文字一文字にすべて博士の祈りが込められているのです。現在の人たちは、この博士のご苦労に報いようとする気概に欠けているのではないでしょうか。畑毛記念館として保存されています粗末な部屋で、必死の思いで執筆された博士の魂が、活字の裏側にはびっしりと宿っているのです。

原典執筆のお部屋の障子紙は、継ぎはぎだらけです。これも博士の心を伝えるために、博士の言葉どおりにしているためです。博士は半紙大の大きさの紙があれば、人様を幸せにする原稿を書くことができる、人心救済のために使うのだとおっしゃって、新聞の広告などの切れ端を使って、穴の空いた所を繕えばよいとおっしゃいました。ですから私たちは、その時の言葉を守って、今日も切り貼りをしています。これも博士を偲ぶための大切な教材なのです。

ある時、お金が足りなくなり、原稿用紙が足りなくなってしまったことがありました。煎《せん》じ薬も買って服用しなければなりません。一時迷ったそうですが、博士は事の本末をじっと考えられ、人を救い、神様のお手伝いをすることが先であるとして、三分の二のお金で原稿用紙を求め、三分の一のお金で煎じ薬を買われたのです。このような犠牲を払われて、私たちのために原典を執筆されたのです。

博士は自分の書いた原稿を本当に大切にされました。原典をひもといた時に、その博士のご苦労の様子が目に浮かんでくるようでなくてはなりません。そして、拝して「先生、がんばります」と誓いをしなければなりません。これが原典に対する態度です。

若い時に入ったモラロジーは忘れない

博士はよく、「若い時に入ったモラロジーは忘れないぞ」とおっしゃっていました。

博士は亡くなる直前に二代所長である千英先生を枕元に呼ばれ、「青年をしっかりと教育してくれ。青年時代に入ったモラロジーは決して忘れることはない。一瞬は忘れたかのようになっても、事に出遭った時、必ず思い出すことになる」とおっしゃっています。ですから私たちは、原典を読む時は、ただ活字を読み取るということだけではなくて、博士の真心を、そして博士の情熱を受け取らなければだめなのです。

そして、二代の千英先生は青年研究会を発足させたのです。その時の青年研究会は、所長の直轄であり、三代の千太郎先生がその直接の責任者でした。私たちは、その手足となって全国を歩いて回ったのです。博士のご苦労を伝えようとして努力してきたのです。

このようにして「情理円満」の「情」に訴えたのです。道徳は感情に基づいています。その感情を方向づけていくのがモラロジーです。これによって感情と理性とが円満に調和されて発達していくのです。ややもすると理論にのみ走ってしまいますが、それを感情で補っていくのです。この感情とは、先ほどから申し上げています「祈り」の心です。人様を救いたいという感情が「祈り」、つまり「救済心」です。これが「最高道徳心」です。この「人様の幸せを祈る」ということが最もすばらしい行為なのです。その心が私たちの精神を最も安定させていきます。潑剌《はつらつ》とした心は、この「祈りの心」によって出てきます。モラロジーの理論は、ここで初めて潑剌と活動するのです。

これが皆様の心に入っていきます。頭ではなく、胸に入らなければなりません。ジーンと胸に響かなかったならばなんにもならないのです。人心救済とは伝統尊重の精神を「移植させる」ことであり、「記憶させる」とは書かれていないのです。天地の法則、神の心を相手の人に「移植」することが肝心なので、これは、言い換えれば「感化力」です。この「感化力」の源は「祈り」なのです。

神仏のお力を拝借させていただいて、学祖のお力を拝借させていただいて、人心救済のために努力するのです。「させていただく」という心もここから出てくるのです。「私がやった」という意識では、利己心のままで、伝統尊重になりません。「おかげさまでできました」という心が尊いのです。これで伝統本位となるのです。「私がおまえたちを教育してやる、開発してやる」という心が一点でもあればだめなのです。また、「お取り次ぎをさせていただきます」だけではだめなのです。その背後に、精神伝統に助けられた大恩を心に、それに対する絶対的な信頼と尊敬の念がなければならないのです。これを伝統祖述というのです。

精神伝統とは、天地の法則を開明し、それを学問の体系として示され、それを実践する具体的な方法を開示してくれた人のことです。そして、私たちに正しい祈り方を教えてくれたのです。ただ祈るだけではだめである。神の心となって人様の幸せを祈ることによって本当の信仰心となるのである。真の宗教とは最高道徳の心が根底になければならない。このことを博士は明言されているのです。これを「最高道徳的信仰」というのです。

ここに一枚の原稿があります（一四〇ページ、資料⑬）。これは博士が寝たまま書かれたもので、「神様の慈悲至誠」とあります。これは言い換えますと「人心救済」となります。さらに「神様の慈悲の心に一致せねばならぬ。各自の助かる道はここにしかないのであります」と書かれています。ここにすべての原典の核心があるのです。『論文』は、十五章の角度から展開されていますが、すべてこのことに集中していま す。

ある時、博士は五大原理の説明を次のようにされました。博士は自分の手をぐっと前に出され、五本の指を開いて示され、『論文』に書かれている五つの原理を独立し

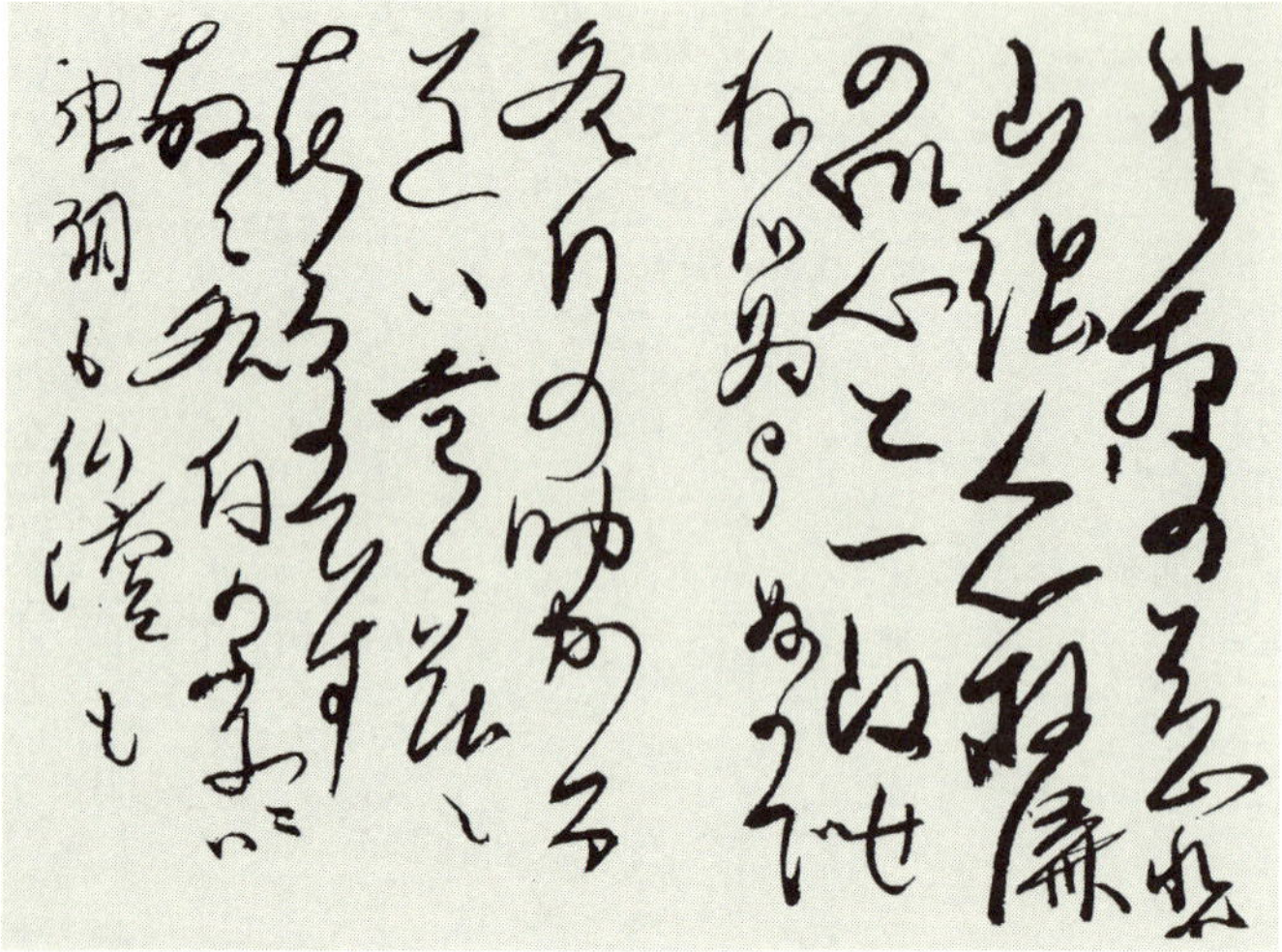

資料⑬

神様の慈悲至誠人心救済の御心と一致せねば為らぬので各自の助かる道は全く茲に在るのです。故に各自の家には神棚も仏壇も……

たものとして考えてはだめである、基は手の平、腕であり、一緒になっているとして、さらに次のように説明をしてくださいました。

「どうぞ皆様、幸せになってください」という心づかいを持つ、これが「至誠慈悲」でしょう。人様の幸せを祈る心づかいになった時、私たちは至誠慈悲の心となっているのです。「神意同化」となっています。ただ、その心を持っただけ、きれいな心となっただけでは不十分で、その心を人様にお伝えし、「移植」しなければなりません。この時、「至誠慈悲」の心は「人心の開発救済」の心となっているのです。開発は言葉であり、救済は祈りです。前者はモラロジーであり、後者は最高道徳です。最高道徳が相手の胸に染みていき、「よし、やろう」という道徳的な感情が芽生えてくるのです。これは決して盲信的な感情ではないのです。

その結果、相手の人に感謝された時に本当に教えの偉大さが実感され、天地の法則というものは存在するのだなということが感得され、これが生きていく信念となるのです。さらに「させていただきます」という心となり、これを積み重ねていくことが「義務先行」の行ないとなってくるのです。その結果「積善・積徳」となるのです。このことを合理的に説明してくださった方が「精神伝統」であり、精神伝統の心を心として努力していくことが最も大切な生き方です。そのような精神作用で終始一貫した人を「自我没却神意同化」した人といいます。

『論文』は、ここまでのことを一章から十三章までで説明し、証明しています。十四章では最高道徳の実践原理が説明されています。そして、最後の第十五章において、もう一度天地の法則を説いています。これが、最初に申し上げました「『論文』は後ろから読んでいくと分かる」ということです。聖人の実行を経糸《たていと》として、科学の成果を緯糸《よこいと》として『論文』は成り立っているのです。

博士は、大講堂で「おまえたち若い者はもっと情熱を持て」とおっしゃいました。「至誠を持て」と言うと、若い人にはピンとこないのです。「若い人は情熱を持て、まちがってもよいのだ。まちがった時に反省して、初めて天地自然の法則が分かるのだ。神様の心が分かるのだ。若い時に二度や三度の失敗はなんでもない。その時に真の自己反省ができて、天地の法則をしっかりと把握することができるのだ、分かったか。よし、今ノートを持っているな。わしの言う文字を書きなさい。『一生懸命』と書きなさい」。私たちが書き終わると「よし、今書いた文字をよく見てみなさい。『一生、命を懸ける』と書いてあるだろう。おまえたちは、本当にその気でやるか。よく見ておけ」という教育をされたのです。

そして、講話が終わる頃になって、「長野の温泉へ行って療養してくるからしっかり勉強しなさい。長野の空から、諸君たちが病気をしないで、健康でしっかり勉強できるように祈っているぞ」とおっしゃって、博士は私たちを隅から隅まで一人ずつ、にこやかに見渡して、みんなの頭をさするようにして演壇を降り、大講堂の中央を通ってお帰りになったのです。感動的でした。今でもはっきりと覚えています。たまらなくなります。このように博士は若い人たちの道徳的な感情を高めることをされたのです。これが活性化ということの原点ではないかと思います。それは道徳的感情を高めることであり、「祈る心」、「願う心」を持つことです。その情熱が大切なのです。今は残念ながらその情熱が欠けてしまっています。本当に残念なことです。

「とこしべに我が魂はここに生きて、御教え守る人々の生まれ更わるを祈り申さん」の言葉を書かれた時のことも同様です。このことは『随行記録・晩年の廣池千九郎博士』（前掲書二三九ページ）に詳しく書かせていただきましたが、思い出すたびに、知らず知らずのうちに道徳的感情が高まってきます。

こうした精神伝統の教えを中心として努力することを「孜孜《しし》」というのです。博士は「日々に孜々たれ」と教えを遺されています。「すべての行動を伝統中心にせよ」ということです。博士の書かれたすべての文字から「幸せになれよ、おまえたちは」という気持ちを発せられているのです。皆様はもう一度モラロジーを見直していただき、ただ読むだけでなく、博士の心を感得し、実行の意欲を持たなければならないのです。『論文』のどこに何が書いてあるかと、ただ表面的に知っていても何もならないのです。その底辺に流れている博士の心に触れなければ何もならないのです。それが博士の心に報いることになるのです。

自我没却神意同化の自治制について

さて、寮生活の指針として「自我没却神意同化の自治制」とあります。この「自我没却」というところを「慈悲」と置き換えても同じことなのです。慈悲の精神を寮生活の中で訓練し、お互いに助け合って、その成果を持って社会の中へ出ていくわけです。そして、「神意」を実現するための努力・訓練をするのです。

私たちは、どうでもいいようなことに対して、ついおろそかにしがちです。そのために博士はいろいろな場所に教訓を遺したのです。浴場に行くと博士の直筆の教訓がありました。入浴の仕方が書かれてあるのです。便所の使い方についての教訓もあります。風呂場に髪の毛が浮いていたならば、たとえ自分のものでなくても、後から入浴する人のためを思って掬《すく》いとっておくのです。それが自然にできればいいのです。私たちは、ふだん何げなく過ごしていることで、天地の法則に反していることがたくさんあるので、日常の生活に些細なことにも注意せよというのです。後から使う人のためを思う心を持たなければならないのです。

博士は、決して細かいことまで口やかましく説教しているのではありません。私たちのためを思って日常の生活のすべてのところにまで心を配って指導されようとしているのです。「モラロジーの父」として、肉親の親と同じ愛情の表われなのです。

また、現在、会員会館のある場所に大食堂がありましたが、その大食堂の壁には、すべて教訓が張り付けてあり、どこの席で食事をしても、必ず博士の教訓が目につくようになっていました。「習い性となる」ように、博士は私たちを指導したのです。学園の桜並木も同様です。博士在世中には、学園のことを「最高道徳の霊場」と表現していました。北小金の駅から第一門を経て、第二門にさしかかると桜並木があり、さらに歩を進めると、立派な並木道に入ります。その時、広池博士の慈悲の手の平の上に来たのだなと感じます。そういう心が大切であると申されていました。博士の魂が私たちを見守ってくださっている聖なる場所なのです。このような精神を忘れないように、四日の日に偲ぶ会を開いているのです。博士は「予の帰幽《きゆう》の日をもって記念日とすべし」と説かれています（**一五〇ページ、資料⑭**）。私たちのたるみがちな精神を引き締める日なのです。

まとめ

昭和十三年六月四日の午前十時五十五分、博士は亡くなられました。当時、夫人は不休不眠の看病をされていました。私は二代の千英先生より「井出君、君は父のことはなんでも記録をとってくれ」と申し渡されていましたので、障子の外の廊下のところにいつもいました。

最後の入浴は、二代先生が「父はまだ息がある、父は風呂が好きだった。僕が入れる」と言われて、博士とともに入浴されたのです。私は一番若い書生でしたから、風呂の番をし、温度の調節をしていました。そこへ博士は白いネルのじゅばんを着て二、三人の側近に抱えられて、二代先生の手に静かに渡されました。そして、千英先生は博士を抱いてじっと温泉に入られました。タオルで首筋のほうにお湯をかけながら、「父上、お風呂に入っているのがお分かりですか、お分かりになりますか」と、何度も何度も話しかけていました。しかし、博士からはもう返事はありませんでした。一点をじっと見つめているようなお顔でした。たいへん印象的でした。それから、博士の手がかすかに痙攣《けいれん》をしながらだんだんと胸に近づいていきました。

私は温泉の温度を上げるため、熱いお湯を少しずつ湯舟の中に注ぎ込みました。二杯目のお湯を入れようとした時、「出るぞ」と二代先生がおっしゃいました。博士の手はしっかりと胸の前に付いていましたので、じゅばんを脱がすことができなくなりました。そこでじゅばんを鋏《はさみ》で切って脱がせたのです。「井出君、父の腰のほうを持て」と言われましたので、私は風呂の中に手を入れて博士を持ち上げました。その時、博士の肋骨が私の目の前にきました。その肋骨の間にじゅばんが深々と食い込んでいるのを眼の当たりにしました。博士はかつて「わが身自らたいまつと為りて世界を照らす」とおっしゃっていましたのを思い浮かべました。博士は私たちのために、ここまで身を削られたのかと思いました。手に痛々しく注射の跡がありました。

そして、新しい羽二重、無地の着物に着替えて、最後の床に入られたのです。私は博士の右脚の膝のところに座り、布団の中に手を入れ、博士の膝を両手で包むように押さえ、「二十歳という若いエネルギーをなんとしても大先生に……」と祈りました。博士の足がどんどん冷たくなっていくのが分かりました。熱いのは白金カイロだけです。たまらない気分になりました。「脈が止まりました」という声を聞いて、私はまったく全身の気力が失せてしまいました。全員がガクッとなりました。でも、沈んではいられません。すぐに白金カイロを外せと言われました。

そして、五日、博士のご遺体は霊柩車に乗って千葉へお帰りになったのです。私は二代先生から「井出君、君は母を連れて来てくれ。君も疲れているだろうが、母は疲れ切っているので、母をしっかり守って学園へ母を連れて来てくれ」と言われましたので、春子夫人のお供をして上野経由で学園へ帰りました。

このようにして博士は亡くなられたのですが、これは肉体が亡くなっただけなのです。「とこしべに我が魂はここに生きて、御教え守る人々の生まれ更わるを祈り申さん」とありますように、学祖の魂は原典に示された教えに従って努力し、更生しようとする私たちを守護してくださっているのです。このような信念をしっかりと心に抱くことが、原典に込められた深い深い深遠なる真理に通達することのできる精神作用であると、私は思います。

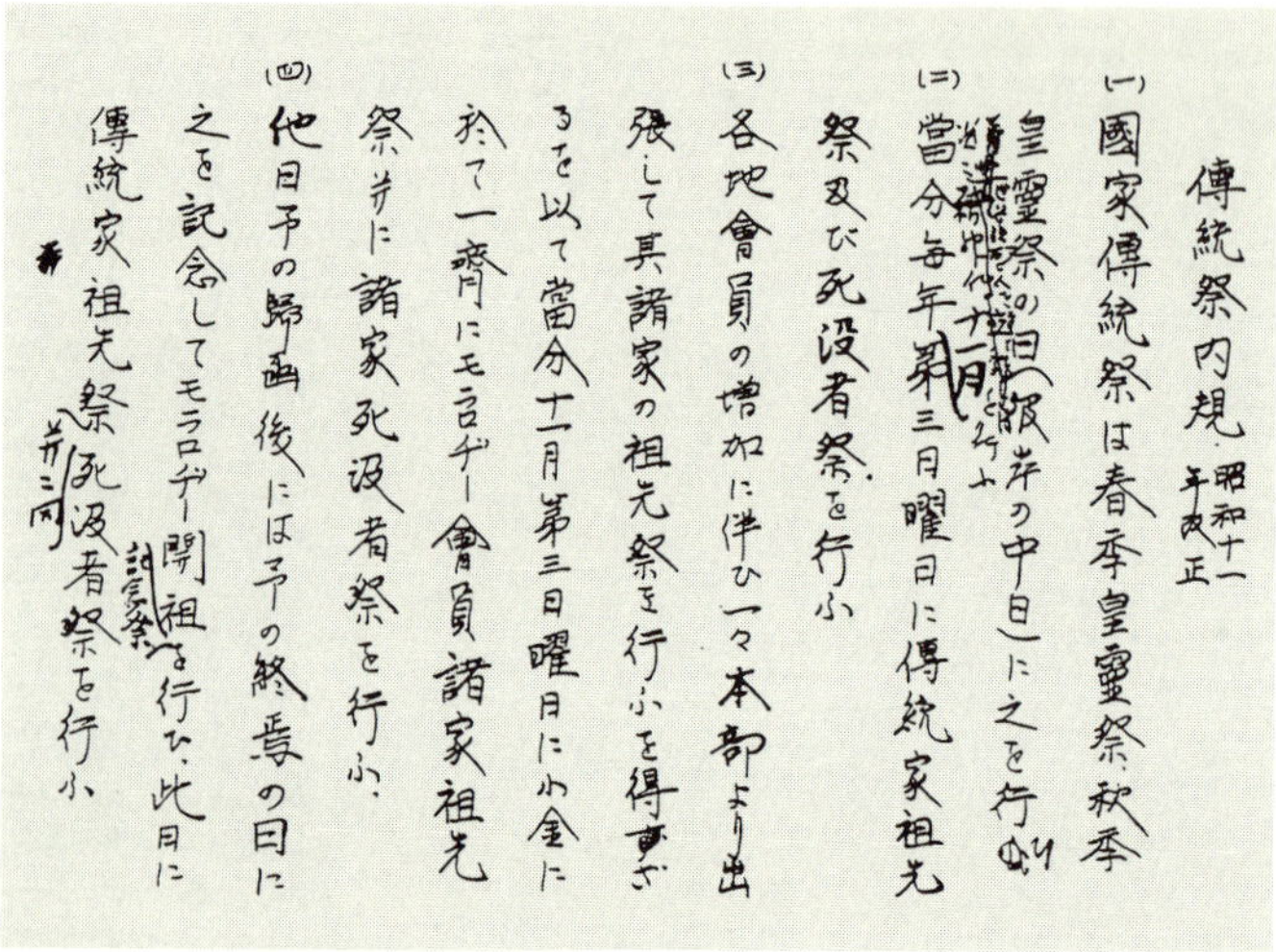

資料⑭

伝統祭内規　昭和十一年改正

(一)国家伝統祭は春季皇霊祭、秋季皇霊祭の日（彼岸の中日）に之を行ひ、次に世界諸聖人をはじめとして精神伝統祭を行ふ。

(二)当分毎年十一月第三日曜日に伝統家祖先祭及び死没者祭を行ふ。

(三)各地会員の増加に伴ひ一々本部より出張して其諸家の祖先祭を行ふを得ざるを以て当分十一月第三日曜日に小金に於て一斉にモラロジー会員諸家祖先祭并に諸家死没者祭を行ふ。

(四)他日予の帰霊後には予の終焉の日に之を記念してモラロジー開祖記念祭を行ひ、この日に伝統家祖先祭并に同死没者祭を行ふ。

広池博士の教え（四）

はじめに——広池博士との出会い

平成四年九月、畑毛記念館における講話

私は畑毛温泉の生まれで、四、五歳の頃、祖父とともに広池千九郎博士の『論文』編纂のお部屋にうかがったことを覚えています。また小学校一、二年の頃にも、今度は父と一緒に行きました。このようなことから、広池千九郎先生のことは早くから頭の中に入っていました。

どのように入っていたかと申しますと、実は私の家の仏壇には四十センチほどの弘法大師の座像がありますが、祖父が最初に私を連れて行く時に、「琴景舎の離れにいらっしゃる広池先生は、この弘法様を十人集めたよりも偉い方だ。お父さんの行く時には、おまえもついていきなさい」と言われました。何が、どのように偉いのか、当時の私にはまったく分かりませんでした。しかし、弘法様より偉い方だということはしっかりと心に留めていました。これが博士に対する第一印象です。

昭和九年、ふたたび広池博士が畑毛温泉に来られました。その時、博士は父に「あなたの所にちょうど年頃の息子さんがいましたね。来年学校ができるから、入学させてはどうですか」と申されたのです。弘法大師よりも偉い方の言葉ですから、その言葉に従って開設まもない道徳科学専攻塾に入ったのです。そして、昭和十一年に麗澤館に呼ばれまして、「おまえはわしの側で書生としてやりなさい」と言われました。以来、昭和十三年六月四日に亡くなるまで側近の書生をさせていただきました。その間、関西・九州方面の四十日間の旅行に随行させていただきました。当時私は十九歳と数か月でした。また長野や新潟などの温泉にも随行させていただきました。

先生の日常生活のすべて、といっては言い過ぎかもしれませんが、寝ても起きても、お風呂の時、旅行の道中、あるいは散歩をされている時など、いつも広池博士の側におらせていただきました。そして、ある時は広池博士を抱き、ある時は台風のただ中を背負って歩きました。また高熱のために字が書けないという非常にお苦しい中で、必死で筆をとり原稿を執筆される先生をお助けしたこともありました。

特に印象に残っていますのは、広池博士の原稿を執筆される時の様子です。先生はこの原稿に魂が入りますように、この文字を読まれる方が必ず幸せになりますようにと、お書きになります前に必ず黙礼をなさいます。そして書き終わりますと、原稿を捧げ「ご神壇にお供えしてくれ」と指示され、お供えしますと深々と敬礼されました。このようなお姿を何度となく拝見いたしました。

今からお話しすることは頭脳で記憶しているのではありません。まさに全身で味わったことを、そのままお伝えしようと思います。

自我を取り去るのではなく、慈悲の心を持つことに努めなさい

広池博士は私たちに非常に分かりやすくモラロジーおよび最高道徳を説いてくれました。「自我没却の原理ということを理解するのはさほど難しいことではない」「自我、利己心というものが悪いものであるということが分かればそれでいい」と申されました。しかし、自我没却は、人心の開発ができていなければ実現できません。そこで先生は「利己的本能は人類の安心・平和・幸福を脅《おびや》かしているということが分かったならば、そのことはそのままにしておきなさい。そして、慈悲の心を抱くこと、すべてのものに対して愛情を持つことに努力をしなさい、そうすれば、そのつど利己的

本能は脱却していくのですよ」とおっしゃいました。利己心を取り去ることに努力するのではなく、慈悲の心を抱くように努力すればよいというのです。

さて、慈悲の心が湧いてきたならば、それを実際の生活の中で展開していかなければなりません。つまり、人心の開発に努力するのです。これには実際の行動が伴います。その行動の累積が義務先行となって幸せになっていくのです。そして、このことを教えてくれた方が「精神伝統」であるのです。今申し上げたような道筋を経て、少しでも人心の開発に努力しようとすることが伝統祖述となるのです。祖述とは精神を継承して、それを素直に行ない、現代に生かすことをいうのです。

この精神伝統に対する尊重の念は最高道徳の中で最も大切なものです。私たちは麗澤館に行き、また学祖の墓地にまいります。そこで「実行させていただきます」という誓いの言葉を申し上げます。この精神作用こそ大切な信仰的精神作用なのです。偶像を崇拝しているのではないのです。「神の心、最高道徳の精神を体得させていただきます」と誓うのです。これが伝統尊重の精神、伝統報恩の精神の表われです。言い換えれば、天地間の進化の法則に順応した精神なのです。広池博士の努力される姿を通して、原典の中に込められた文字では表わし切れない大きな宇宙の真理があると私たちは教えていただいてきました。至誠といっても、慈悲といっても、徳といっても、目に見ることはできないのです。しかし、その状態を「悟った」といい、そこで初めてなるほどと「心のうなずき」が生じるのです。

大事にすれば大事にされる、愛すれば愛される――道徳の根本について

博士は「道徳の根本を示す簡単なる表現を教えましょう」と前置きされて、次のようなことをお話しされました。

「大事にすれば大事にされる」、また「愛すれば愛されます」という表現をされたこともあります。これが道徳の根本であると指導されました。しかし、従来の道徳では、この「大事にする具体的な方法が分からなかった、愛する方法が分からなかった」とおっしゃいました。たとえば、好きだから大事にする、嫌いだから大事にしないというように偏見に基づいていたのです。最高道徳では「いかなる悪人と出会って

も、その人の親であるという精神を持つ」ことが説かれています。そして、「その相手に対して道徳的な心を呼び起こさせるように指導していきなさい」と教えられています。さらに、その努力によって先方が救われなくても、努力をしたあなたは救われますと教えられました。これが宇宙の全体に流れる大法則であるというのです。これが進化の法則の真髄なのです。この精神を表現したものが「慈悲寛大自己反省」の格言です。私たちが慈悲の心となって、犠牲を尽くして相手の人の幸せを祈ることによって、想像を絶したところの幸福がもたらされるというのです。

皆様のお宅には「慈悲寛大自己反省」の軸がかけられているでしょう。あの掛軸の上の方に、どのような言葉が押印されているかご存じでしょうか。「超越科学」と押印されています。お気づきでなかった方は帰宅されてよくご覧になってください。「超越科学」とは、「慈悲寛大自己反省」の精神を体得することに努力した時には、私たちは想像を絶する、言い換えれば、科学的な合理性では説明できないほどの効果（幸せ）を得ることができるということを意味しているのです。

一般には、奇跡であると信じられている出来事もありますが、この宇宙全体には、奇跡や偶発的な出来事は一つもないのです。すべて原因があって、それ相応の結果がもたらされるのです。神の意志に同化したところの慈悲の精神は、あたかも奇跡であるかのような偉大な結果を生み出すのです。ですから一本の掛軸も細心の注意を払って、博士の姿を思い浮かべながら拝見しなければなりません。立体的に文字を見ることが大切であって、平面的に表面的な見方をしないことです。文字の裏側に込められた、広池博士の慈悲の心を見いだそうとしなければなりません。このように努力していきますと、私たちの心はだんだんと浄化されていきます。

「天地の法則」とは

「天地の法則」ということをよく耳にしますが、九州の久留米に随行しました時、このようなことがありました。

昭和十二年六月二日のことでした。聴講者はたいへん大勢でした。前列に座っていたご婦人が二、三歳の子供を抱いて博士の話を聞いていました。そのお子さんが突然に泣き出したのです。ご婦人は子供を抱いて講堂の外へ出ていきました。なかなか泣き止まないので、叱っていました。するとなおさら子供は泣き出しました。責任者の主任さんが、「先ほどのお子さんは歯が痛くて泣いたのです。二、三日前から痛んでいたのだそうですが、少し治まってきたので博士の話を聞くために連れて来たのだそうです。しかし、不幸にして泣いてしまいました。申しわけありませんでした」と説明がありました。すると広池博士は、このことに関連して次のように話されました。

「先ほどお子さんが泣きました。歯が痛かったそうですよ。お母さんにだいぶ叱られていました。かわいそうでしたね。あのお子さんは歯が悪くなろうとして生まれたのではないのです。歯の弱い体質を移したのはご両親です。なぜ、あの時、歯の弱い体質を渡してしまったことを詫びようとしないのですか。叱るのも結構です。しかし、詫《わ》びる精神も大切です。ただ主義に合わないからといって人を叱りとばすことはなりません。『おぎゃあ』と生まれて、反抗しようとも何も思っていない子供さんが、ある年齢になると反抗したり、いろいろな悪い態度をとるようになります。そのとき両親は大いに反省をし、両親の温かい愛情の中で躾《しつけ》をしていってください。それが親としての最高道徳の実行なのです」と申されました。

このように博士は、日常のことに関連づけて、最高道徳的な精神の持ち方を平易に説いてくれました。決して高等な理論ではなく、日常茶飯の分かりやすい言葉で説明をしています。

さらに、見えざるものを信じて納得することが大切であると、次のように申されていました。

「天地の法則に基づく真の信仰は（最高道徳心は）そのすべての調和、総合点を会得するものなり。ゆえに一見丸のみの感あり。しかし、このことを部分的には科学的に知ることを要す。そのうえに全部の理と形とを会得するなり。科学だけでは物事は分からない。科学は信仰の本をつくるためのものなり。

ただ神を信じるということは土石を信じるのと同じ利己心なり。神の心を体得して人を助けてこそ御利益あり。これを真の信仰を得た人という。信仰深くして正直にして、人に親切でも不幸なるは、これ真の信仰を知らぬためなり」

さらに、「モラロジーが独立的に活動するだけではその力は薄いのであります。一部の実行を改めることはできます。しかし、コンヴァーション、改心、更生まではできません。これを真の信仰と結び付けて、最高道徳すなわち神の実質であるという信仰的信念を抱かなければ更生はできません。モラロジーに結び付けし信仰は理想的に正しいものとなります」とも申されました。

また私たちの精神作用と行為が「天地の法則」（天地の法則については「神の心」と注記されています）に適った場合と適わない場合とでは、どのように異なるのかということも述べていらっしゃいます。神の「心」に合致しない場合、その影響は私たちの脳の神経に影響を与え、その影響は呼吸、血行、消化などに及んでいくとして、これを日々累積していきますと、種々の疾病にかかるとしています。そこで私たちが、モラロジーを学び最高道徳を実行していこうと努力していきますと、つまり、伝統を尊び、いつでも「させていただきます」という精神で行動していきますと、それが神の心に適うのですから、心身ともに安泰となっていくのです。

そして、この精神でやっていこうとする人は「怪我《けが》をしてはならない、あるいは人心の開発をしていて病気にかかるようでもいけない。そのようなことになるのは人心開発救済の心の乏しい証拠である。人の安心・平和・幸福を祈るということは、それくらい慎重な態度が必要である」と指導されています。たいへん強烈な教えです。親に心配をかけてはいけない、恩人に心配をかけてはいけない、子供にも心配をかけてはいけないというのです。もしも、心配をかけるようならば、道徳の価値はないとおっしゃるのです。私たちはこのように少しの怪我も、病気も、心配をかけることもあってはならないのです。このような信念を抱くことが大切なことなのです。

広池博士は、モラロジーを学び最高道徳を実行しようとする人に対して、確固とした信念を抱くことを説いています。ご自分の日常の生活を思い浮かべてください。ちょっとしたところでつまずいて転んだり、ささいなことで怪我をすることがあります。そのような時に自分の人心救済、伝統尊重の精神を反省するのであると、博士は申されていました。真剣に人心の救済を念じ、伝統の心を心として行動した場合には決して事故や怪我などはない、と広池博士は言い切っています。このような信念が大切なのです。「大小の事変みな箴戒《しんかい》となす」という最高道徳の格言があります。ささいな出来事を通じて自分の心の状態を反省するのです。

相手の幸せを祈る心――真の知恵

相手の人の幸せを祈る精神作用から出る言葉は、相手に対して柔らかく感じられます。したがって「いい方だなあ」という印象を相手に与えます。私たちの精神作用は、はっきりと態度となって表われてくるのです。

博士は次のように私たちを指導してくださいました。人々は私たちの行動を見て判断するのです。この学園に来て最も多くの人に感銘を与えるのは高校生の挨拶です。「おはようございます」「こんにちは」「こんばんは」という挨拶をする姿を見て、「うちの子供もこの学校へ入れたい」と思うのです。挨拶は形です。精神が先であるということは、言うまでもありません。しかしながら「若い人はまず形から入れ」と、博士はおっしゃいました。私たちが塾生であった頃「ありがとうございます」という言葉が合言葉のように使われたことがありました。そうしますと、私たちは知らず知らずの間に「ありがたい」という観念を抱くようになるのです。そのうちに「なぜ、ありがたいのか」と考えるようになります。また、次のようなことがありました。

昭和十二年、ちょうど博多の地方講習会が始まる前の日でした。その事を聞いた博士は、皆を集めるように申されました。予備講演をする方やお手伝いの婦人や青年たちが三十名か四十名ほど集まってきました。そして、「今から、講習会を開催するに当たって励ましをしよう」と前置きされて、青年の人たちに向かって次のようにおっしゃいました。

「諸君たちは、受付とか、お茶の用意とか、自転車番とか、分担された仕事をしているると思いますが、自分たちのやっていることを、つまらない仕事であると思ってはいけません。どのような仕事であっても、講習会に来ていただく方々に、『どうぞ、モラロジーを理解していただいて、最高道徳の教えに接していただきたい』という祈りの心を持って行動をしてください。そうすると、その精神がいつとはなしに表に表われてきて、聴講する人に対する態度が温かくなり、柔らかくなってくるのです。来会した人は、なんとすばらしい若者だろうと感心するでしょう。この時点において、すでにモラロジーという学問の意義が伝わっているのです。実は、講習会に来る人は、講堂で講師の話を聞く以前において、すでに心が開かれていくのです。つまり、諸君たち若者が人心開発の端を開いているのです。自信を持って一週間のお手伝いをしてください。そして、一週間を経て、人様の幸せを祈った結果、どのような心の満足感があったかということを考えてください。この体験で得た心の糧《かて》が本当の知恵なのです。文字から記憶した知恵は虚の知恵です。体験を通して実感した知恵が真の知恵なのですよ」

これが講習会に当たって、博士が申された教えです。

「因果律は自分持ち」

博士は「『因果律は自分持ち』ということが、真に理解できたならばたいしたものである」とおっしゃったことがあります。このことが真に理解され体得できたならば、だれも見ていないところで「陰徳」を積むことができるのです。自分の行動の対象は神様なのですから、だれからもお礼を言われずともいいのです。

昭和十二年の六月に京都に随行させていただいていた時に、十一面観音を拝観しました。その時に博士は次のように説明されました。「民衆がなかなか仏教の教えに帰依しなかった。そこで、『あなた方がどこで何をしていようとも、あの十一面観音様には十一もお顔があるのだから、きっと見ていますよ』ということを教えるために、この観音様を作られたのです。つまり、人知れずに善いことをしていても、きっと観音様が見ていてくだされ、お守りくださる。また反対に陰で悪いことをしていれば、たとえ他人の目に触れることがなかったとしても、必ず罰が下されますよ、ということを示したものである」と。

つまり、どのような微細なことであっても、必ずその結果は自分に返ってくる、つまり「因果律は自分持ち」なのです。しかし、このような説明の仕方では、万人を納得させることは不可能です。そこで道徳実行の効果ということを学問的に立証しようとしたのが「モラロジー」という学問であると説明されました。続いて仁王様についても説明してくださいました。

社寺には仁王門があります。この仁王門は、私たちは何げなく通り過ぎてしまいますが、「古い彫刻だな、と思うぐらいで通ってはいけない」と指導されたことがありました。「その門を通過する時は、まずそれまでに持っていた欲望や利己心など、神様が受け取ってくれないような不純な心を捨て、その後、神前にぬかずくのである。仁王様は、あのように怖い顔をして、『おまえたち、利己心を取り除け』と言っているのである」とおっしゃいました。これは私たちがまだ青年であったために、このように分かりやすく話されたのです。利己心があるならば、神様はおまえの願いを聞いてはくれないぞということを、折に触れて教えていただきました。このような日常のちょっとした出来事を通しても、常に私たちを育てようとされていました。すべてモラロジーの教えに基づいて理解するならば、分からないことはないと申されていました。

谷川講堂を開設した理由――霊肉併せ救う

次に谷川講堂の開設について申し上げます。谷川温泉の購入、講堂の開設は、広池博士ご自身の病気の体験がもととなっています。また、「聖人といわれる人の事跡や思想を研究していくと、その救済の方法で欠けているところがある。それはどこかというと、聖人の教えは人間の精神面のみしか説いていない、という点である」と申されたことがあります。

先生は大正元年の大患を体験されていますが、その前、明治三十七年にも大きな病気となって転地療法をされています。大正元年の時に匹敵するほどのものであったと申されていました。この時に、物理的療法を主体として漢方、温泉、マッサージなど手を尽くしたそうです。そして、いったん治ったかに思えたのですが、大正元年になって再度、もっとひどい病にかかってしまったのです。生死の境をさまよい、もう数時間の命であると宣告され、そこで気がついたことは、信仰的精神作用に乏しかったということなのです。

博士は、それまでは何か一つのものを完成させようとして、ただ邁進していました。確かに大きな知識を得て、学位を授与されました。しかし、精神がそれに伴っていなかったと気がついたのです。皆様ご周知のように、ここで世界の人心を救済するという誓いを立てられるのです。この時点から博士の人生は大きく展開していきます。

しかし、大正元年の病気の後遺症は、博士の身を苦しめ続けました。皮膚神経の衰弱、そして、晩年には神経が麻痺状態にまで陥ってしまったのです。白金カイロを身に付けたままで生活をされていましたが、最初は二十個ほどのカイロを付け、やがて四十個となり、五十個も付けなければならないお体となってしまったのです。同時に発熱と発汗をもよおしました。この病状は周期的に毎日やってくるのです。発汗というのは、私たちが夏に汗が出るというようなものではありません。流れるがごとく発汗されます。三枚重ねの肌着を通して汗が表面ににじんでくるほど汗を出されるのです。

そこで、博士の体には温泉療法が最も効果があったので、全国各地の良質の温泉を求めて歩きました。たまたま水上温泉の近くに来た時、ある方の「谷川温泉の露天風呂に傷ついた蛇が温泉の中で傷を癒《いや》しているのを見ました」という話を耳にし、谷川に立ち寄りました。そこで博士は、次のように考えたのです。「モラロジーという教えはほぼできあがったが、精神面の救済のみしか説かれていない。最高道徳の教えに接し、いざ実行していこうとした時、病にたおれてしまった人の肉体を救わなくて何が神の慈悲といえよう。何が聖人の教えであるか」と。聖人の教えで実現できなかったところを補うために、ついに谷川温泉の購入を決意されるのです。

「モラロジーの父」として

昭和十一年の九月、谷川の向島館から散歩に出かけたことがありました。川岸に何本かの温泉が流出していました。その温泉の視察に出かけたのです。博士は、石のごろごろしている河原を書生に助けられながら視察をされました。ちょうど「清めの湯」と称している所に来ました。その時も一匹の蛇が温泉の中に入っていました。鎌で切られた蛇が、温泉の出ているところに傷ついたしっぽを浸していました。これを博士がご覧になって、非常に喜ばれました。言葉は「よしっ」と少なかったのですが、購入することに決意された様子がうかがわれました。もちろん、科学的に泉質を調査されたうえでのことです。

そこで最初に「清めの湯」を購入されたのです。そして、何本かの温泉を購入していきました。このようにして聖人ができなかったところの「霊肉併せ救う」ための霊地が開かれました。「せっかくモラロジーを学んでも、先天的な病に苦しむ者を救いえなければ、なんで『モラロジーの父』といえようか。わが身が苦しければ苦しいほど、門人の中にもこのように苦しんでいる人がいるであろう、その人たちを救うために早く谷川を開設しなければならない」とお考えになったのです。そのために「全金力・全権力」を投じて、谷川を開設されたのです。それまで自分の持っているすべての力を使い果たすということはしたことがないそうです。

土地購入の困難

購入に当たっての金銭的なことについては資料も残っております。登記などの細かいことについては、一書生の関知するところではありませんので分かりませんが、博士が谷川温泉を購入することについて、村の人たちの中で賛成する人と反対する人とがありました。反対する人は地代を上げてきました。まだこれまではよかったのですが、そのうちに伝染病の病院ができるなどというデマが飛びました。購入に対する妨害があったのです。ここで博士は非常手段をとりました。やむをえず、反対をする者には「お仕えもの」を届けました。私も何度か「お菓子のおり」を持って行ったことがあります。

もう一つ先生がなされたことがありました。ある日、私の父に「谷川へ来てほしい」という電報が打たれました。なぜ父を谷川に呼んだのかというと、当時は、酔っ払って博士が泊まっていた向島館の玄関に来て、あぐらをかいて酒代をねだるような連中がいたのです。私は博士の指示で酒代としてお金を渡して帰ってもらったこともあります。博士は近所のお百姓さんなどを通して「今度、広池先生のところに非常に腕っぷしの強い用心棒が来た」といううわさを流させました。父が呼ばれたのは、このような連中に対しての威嚇《いかく》だったのです。このように博士は妨害に対してあらゆる手段を講じて対処いたしました。「今、非常手段をとったのだが、やむをえないのである。なんとしてでも世界の人心を真に救済するためには、『霊肉併せ救う』ところの霊地を一刻も早く手に入れなければならない」と申されました。土地の購入、温泉の購入などが済んだ後も、博士は病の身を押して現場を見て回り、いろいろと指図をされていました。

ご神壇

谷川の土地の購入、温泉の権利の取得が済むと、広池博士はまずご神壇を造りました。続いて麗澤館を建築され、それに付随する炊事場、寄宿舎、講堂を建築されました。この工事をたいへんに急いで行ないました。私たちは夜は原稿の清書、昼は大工さんの手伝いをしました。

また、川向こうの温泉をこちら側へ引くための工事があり、ようやく温泉が引けるようになったのですが、エタニットパイプというたいへん壊れやすい引湯管でした。金銭的な面で頑丈な鉄管で工事をすることができなかったのです。二台のポンプを使って麗澤館まで温泉を引き上げる工事をしました。その間、博士は陣頭に立って指揮をされていました。白金カイロを体中に付けながら、工事の進捗《しんちょく》状態を見ては指示をされました。「一刻も早く工事を済ませ、一刻も早く苦しんでいる方々を救いたい」と、いつもおっしゃっていました。このようにして聖人の実現できなかった「霊肉併済」の霊地をお造りになったのです。

また「ここで全世界の人を入浴させたいが、それはできない。全日本人を入浴させたいが、それもできない、モラロジーの会員もすべて入浴させたいが、それもできない。それだけの設備がない。そこでまず熱心に最高道徳の教えを実行しようという方を最初に入浴させたい。短命では人心の救済はできない。せっかく精神ができても、それに肉体が伴っていかなかったならば教えを実現することができない。ある程度までは精神力でもって行動できるかも知れないが、先天的な病や、長患いで苦しんでいる人もあるにちがいない。そのような方々をまず救っていきたい」ということを、絶えずおっしゃっていました。

谷川講堂が完成する直前、昭和十一年十一月九日、道徳科学専攻塾の別科生二百八十名が、修学旅行のため谷川に来ました。この日は神壇の地鎮祭を行ないました。祝詞を上げ、おごそかに式典が挙行されました。この時は十分に温泉を引くことができませんでしたので、露天風呂に筵《むしろ》で囲いをして別科生に入っていただきました。

この時の別科生に対する講話の中で、広池博士は「なぜ神壇を設けたか」ということについて次のように話されました。

「ここにご神壇ができ、そして、神様をお呼びした。もちろん、人間が神様を分けることはできない。しかしながら、精神の修養、またこれからの道徳の実行には、その中心となるところがなくてはならないのである。そして、天地自然の法則を体得するには、必ずその中核となるもの、つまり神壇がなくてはならないのです」と。そして、さらに「神様は各自の心の中に存在すべきこと」ということを申され、続いて「今、私がこの谷川に社を建て、ここに神様にお越しいただいたのです。最高道徳の実行には目に見ることのできないもの、つまり、神様の法則を信じる精神が不可欠である。この精神作用は人間が各自の精神を陶冶するうえで、是非とも必要なものである」ということを申されました。さらに「信仰的精神」の重要性を説かれました。「信仰的精神のないものは最高道徳の世界に入ることはできない」、また「信仰的情熱」という表現をされたこともあります。「情熱」ということを「至誠慈悲」という言葉に置き換えられて説明をされました。

「この『信仰的精神作用』、つまり、神様を信じるという精神作用によって各自の精神が集中され、安定してくるのである。そして、まず主観的安心を得るに至るのである。モラロジーを勉強しまして、これから人心の開発救済に努力していただきたい。そのことによってなぜ幸せになるのかということがモラロジーで科学的に論証されているのである。モラロジーによって初めてこのことが明確になったのであり、ここに新科学たる理由がある」ということを話されました。

指導者への親心

また昭和十二年のある日、一枚の原稿を谷川で執筆されました。七月に開催される予定の第一回の幹部研修会の講義に関するものでした。昭和六年よりモラロジーに基づく開発活動が始まりましたが、どのようなところに欠陥があるか、特にモラロジーの講師が陥りやすい過ちをいつもお考えになっていました。

そこで、「個人に対する開発上のお話はもちろん、講演、講話すべて一部分的な真理を全体であるかのように説明するものあり。また極端なものは主義的に断定を下すことがある。説きやすいところと、説きにくいところがあるとして、その説きやすいところのみを説明して主義的に断定を下し、モラロジーの全体像を知らせていない。すべての事象を踏まえて湊合的《そうごうてき》に天地の法則として説かなければ、相手の方を真に説得することはできない。燃えるような信仰的情熱を心の底に秘めている者でなくては説得力を持つことはできない。そして、モラロジーの理論を説くのである。この両者が渾然として一体となって初めて相手の方に納得していただけるのである」と注意をしています。

一部分的な真理をもって、また得意とするところだけを説明して、これがモラロジーであるなどというのは、博士が最も懸念されていた講師の過ちなのです。私は因果律の原理は得意だけれど、神の原理は不得意である、などと言っている講師がありますが、まったく誤った態度であるわけです。

「青年さえしっかりしていれば……」——青年研究会の発端

現在の夏期セミナーなど、青年を対象とした研修会は、実は広池博士の指示によるものです。昭和十三年五月十九日、午後二時頃のことです。実は先生は五月の四日より十分にお話ができなくなってしまいました。そして、十八日に千葉の本部に電話をして次長の二代千英先生を呼ぶように申されました。千英先生は十九日の午前中に谷川においでになりました。その時博士の体調が思わしくありませんでしたので、千英先生には少しご休憩していただきました。午後になりまして、「次長を呼ぶように」

と博士が言われました。そこで広池家の家憲が渡されました。その内容は私たちが知るよしもありません。その後、口述で指示をされていました。その中に青年教育に関するものがありました。

まず博士は「千太郎の時代が最も難しい時代となる。だからおまえは青年をしっかりと教育せよ。青年時代に聞いたモラロジーは忘れない。青年さえしっかりしていれば日本も世界も大丈夫である。だから青年をしっかりと教育してほしい」と口述で千英先生に指示されました。千英先生が青年研究会に力を注がれたのは、この指示を実行されたのです。

当時の青年研究会（青研）などは、三代の千太郎先生が筆頭に立って活動を推進していきました。そして、各地で夏期講座というものを開催しました。昭和十三年五月十九日の午後二時頃におっしゃられた広池博士の指示は青年教育の原点となったのです。「青年さえしっかりしていれば……」という博士の言葉は忘れてはなりません。その期待に応えるべく私たちは努力してまいりました。辞世のお言葉を思い出していただきたい。先生は体のことを「心のいれもの」と表現されていました。先生のお体は亡くなってしまいましたが、その魂、心は永遠に生きて諸君たちの生まれ更わることを祈るとおっしゃっているわけです。このように先生の魂は、この大講堂の中にいらっしゃっています。各自の頭上にてご照覧なされています。このような考えを持たなければ、モラロジーの正しい理解も最高道徳の無形の真髄も味わうことはできないと確信しています。

先生は生前「モラロジーは勉強すればある程度までは分かる。しかし、必ず壁に突き当たる。そこから先は見えざる天地の法則である。モラロジーの原典は文献をもって進化・退化の法則を証明しようとしたものにすぎない。その奥にある言外の真理を悟らなければ最高道徳は分からない」ということをよくおっしゃっていました。

このことを書かれた原稿には次のようにあります。「天地自然の法則は進化・退化の二法則にして、すべての聖人の教説は、これに他ならぬのであります。以上のことを学問的、科学的に証明しているのがモラロジーであります」。そして、なぜ進化・退化が存在するのかということがモラロジーによって展開されているのです。

また「天地自然の法則は、人間としては何人もこれを行なわなければならぬところの法則であります。聖人はこれをもって『神様の御心』と申したのであります」と書かれています。この二枚の原稿によってモラロジーの意義が端的に説かれています。

このことはモラロジーの教説のすべての底辺に流れているものです。したがって博士は、モラロジーにいう最高道徳とは「人類進化の大原則であります」と言い切っていらっしゃいます。

私たちはこのことをしっかりと確信してすべての原典を読まなければなりません。原典のこの部分を、当時、博士は「基礎観念論」と言っておられましたが、今では「基礎編」と申しております。「基礎編」は知的でよい、知的に進化・退化の二つの法則をしっかりと理解しなさいとおっしゃっていました。この言葉は、特に若い人、特に道徳科学専攻塾の本科生に対しておっしゃった言葉です。

まとめ

『論文』をはじめとするモラロジーの原典は、この「進化と退化の二つの法則」を、聖人の教訓、事跡、当時の学問の成果、そして博士ご自身の体験によって明らかにしようとされたものです。

私たちがモラロジーの原典を読む場合、特に注目していただきたいのは広池博士の体験、事跡です。大正元年の大患以来、病に悩まされながら先生は三十九度、四十度という高熱の中でも、その精神は少しも蝕《むしば》まれることはありませんでした。ある時このようなことをおっしゃっていました。「今日は胸が張り裂けるほど苦しい、熱も高い。しかし、私は門下生、会員の人たちの苦しみ、悲しみ、痛みがあるならば、全部この広池にくだされと、朝晩祈ってきた。だから、今とても苦しいが、これによってだれかがどこかで少しでも楽になってくれていると思えば、神様に感謝ができる」と。私は随行させていただいた二年半の中で、どんなに病状が悪くても、お熱が高くても、博士から「苦しい」とか「痛い」とかいう言葉を、一度も耳にしたことはありませんでした。苦しければ苦しいだけ、だれかが助かっていると感謝されているのです。

この先生のご心境に最高道徳の無形の真髄が脈々として流れているということを察していただきたいと思います。漢字一文字を書いては祈り、ひらがなを一文字書いては祈る先生のお姿を思い浮かべながら原典に接し、モラロジーの理解を深めていかなければならないと痛感しております。

また「徳の高い人とは、慈悲の心と慈悲の行ないの多い人のことである」とおっしゃったことがあります。この言葉は大切なことを言っています。私たちは、なぜ広池博士を尊敬しているのでしょうか。広池博士の犠牲的な精神と行動、命をかけて私たちの幸せを祈ってくれている姿、モラロジーの原典によって私たちの歩く道筋を明示してくれたことに対して、私たちは非常に大きな尊敬の念を抱いています。このことを知った時に、私たちは「ああ、大きな慈悲の精神であるな」と感じます。ここで初めて徳の高い人とは慈悲の心の多い人であるということがはっきりするわけです。

この広池博士の慈悲に対して、その万分の一でも報いていきたいという感情が、モラロジーを学び、最高道徳を実行していこうとするうえで最も重要です。原典の文字の底から博士が私たちに呼びかけているのだという、このような道徳的感情を抱かなければ最高道徳には到底近づくことができないのです。この道徳的感情が真の信仰心であるのです。広池博士の努力される姿を知り、信仰的なまでに深い道徳的感情を抱かなければ最高道徳の真髄に近づくことはできないのです。理性に基づくところの道徳的感情が、私たちを最高道徳の世界に導いていくのです。「情理円満、知徳一体」の真の意味がお分かりいただけると思います。

広池博士の教え（五）

はじめに

平成五年四月、御殿場生涯学習センター「センター講座」における特別講義（畑毛記念館）

本日は、モラロジーの教えに接する機会を得られ、さらに深く研究を進めていこうとされている皆様に、広池博士より直接に指導された内容をお取り次ぎさせていただいて、今後の学習の糧としていただきたいと思い、書生として広池博士にお仕えさせていただいた当時を思い浮かべつつ、話を進めてまいります。

広池博士は「モラロジーをいくら知っていても何もならない」と申されたことがあります。この言葉はどういう意味かと申しますと、モラロジーとは「最高道徳」を実行することを目的としてつくられたものであることを意味しています。

では、「最高道徳」を実行するためには何が必要であるかというと、それは各地で行なわれている広池博士事跡研究会や偲ぶ会などの開催の趣旨をお考えいただければ明白であると思います。道徳の実行は各自の感情に基づいてなされます。モラロジーはその感情を正しく理性的に裏づけていくものなのです。モラロジーの原典をすべて読み通したとしても「最高道徳」はなかなか分からないのです。原典の言外に込められた「教えの生命」ともいうべきものを学びとらなければなりません。

つまり、モラロジーの原典を読み、その内容を知っても、その言外に込められた広池博士の意志を読みとらなければ、実行しようという感情は高まってこないのです。私は幸いにして晩年の広池博士の謦咳《けいがい》に接することができまして、直々にご指導をいただき、また博士が幹部の方をご指導されている様子を直に拝見いたしました。そこで当時を振り返りながら「モラロジーをいくら知っていても何もならない」と申された博士の言葉を中心に「教えの生命」といったことを考えてまいります。

「最高道徳」を敬遠する理由

今から申し上げることを、今までに学んだモラロジーに関する知識をもって理解していただきたいと思います。

私は「最高道徳」のほうからモラロジーを説いていきたいと思います。モラロジーのほうから「最高道徳」を説くと非常に難しくなります。なぜ難しくなるかというと、天地自然の法則に番号を打ってあるからなのです。「自然の法則には番号をふることはできない、しかし学問の体系として組み立てるためにやむを得ず番号を打った」のです。これは広池博士の言葉です。

番号を打つとはどういうことかというと、自我没却の原理をはじめとする五つの実践原理によって最高道徳の説明をしているということです。この五つの原理をもって説明しようとすることによって、「最高道徳」を理解することが難しくなってしまいました。したがって講師の解説が難解なものとなってしまったのです。すべて総合的立場、つまり天地自然の法則、神の心の立場に立って最高道徳についての解説をしないと、各原理の相互関係が不明となり、最高道徳の理解が極めて困難なものとなってしまいます。そして、「最高道徳」とは、凡人ではとても手の届かない高遠な教えであるという印象を抱かせてしまうこととなります。

たとえば、「最高道徳」の五大原理を、自我を没却して、次に神意に同化する、そして伝統を祖述し義務を先行する、そして人心開発救済をする……というように横に並べてしまいますと、各原理が個々別々なもののように錯覚してしまいます。このことによって「自我を没却する」ということが他の実践原理と切り離されてしまい、自我を没却することはたいへんなことだと考えてしまいます。自我、つまり利己心を没却することなど、とてもできるはずがないと考えてしまい、「最高道徳」をもって実行不可能なほどに高遠な教えとして敬遠してしまうのです。

しかし、広池博士のご指導を拝見させていただきますと、決して「自我を没却せよ」などと申されていないのです。このことについては「最高道徳が天地自然の法則であるということを前提とすれば、最高道徳の実行はそれほどに難しく窮屈なものではない」と申されていました。

「最高道徳」を総合的に理解する

では広池博士は、どのように「最高道徳」を私たちに説いてくださったかということを申し上げます。私たちは、日常の生活の中で「自我（利己心）」の弊害といったものを実感しています。しかし、自我の弊害に気づいたからといって、それをすぐさま取り去ることはできません。そこでまず「モラロジーを学んで自我というものが、私たちが生活をしていくうえで、その人間関係や自分の精神作用、運命などを閉ざしていく元凶であるということをしっかりと学びなさい」と指導されました。つまり、『論文』を通読したならば、まず、利己的な心は確かに私たちの進化、発展を阻害しているということを知ることができるのです。

しかし、このことを知ったからといって、すぐに「自我」を取り去ることはできません。そこで、博士はどのようにしたらば「自我（利己心）」を取り去ることができるのかということについて言及されています。博士は、「そこまで分かったら、そのまま置いておけ。いつまでも利己心を取るということにこだわらず、それよりも思いやりの心、慈悲の心を抱くように努力せよ、相手の幸せになることを考えなさい、その方向に向かって努力すれば自然に自分中心の心、利己心は取れていくのです」と指導されました。

この慈悲の心は人心の開発救済という心として表われてきます。人心の開発救済といっても、たいへん広い意味があります。モラロジーの教えを人に取り次ぐということだけではありません。周囲の人の心を少しでも和ませようという心のことです。人様の幸せを祈る心といってもよいでしょう。この人心の開発救済の心と活動の累積によって幸せとなるのです。この「累積」の努力が「義務先行」ということです。つまり、慈悲の心を持って努力させていただくということが「義務先行」であるわけです。そして、この「義務先行」の累積の結果「積善の家」となります。これが「因果律の原理」の示すところです。

そして、大切なのは、このことを私たちに教えてくれた方が「精神伝統」であるということです。ここで初めて精神伝統に対する尊重の念と報恩の心が出てくるのです。これが、博士が実際に説かれた最高道徳の五大原理の内容です。各原理は決して別々に存在するのではありません。すべて有機的に関連しているのです。

博士は大講堂で片方の手の平を掲げて、このことを説明されました。親指、人指し指、中指、薬指、小指、それぞれが各原理なのです。そして、博士は手を握りしめて「結局一つのものである」ことを指導されました。しかし、私たちは、一本一本の指を別々に考えてしまうから、手・腕全体が持っている働き、さらに身体全体の有する総合的な機能が分からなくなってしまうのです。

そこで、私たちが道徳科学専攻塾の塾生であった頃、博士はいつも「諸君たちはまず『論文』の第二版の自序文を熟読しなさい」と指導されました。自序文を読む場合、どこが肝心であるかというと、「精神伝統に従ったことが天地の法則に従ったことである」と書かれたところが重要であるとおっしゃっていました。精神伝統の心は神に通じる心なのです。その精神伝統に対して純粋な心で従うことが、私たち自身が進化・発展していく道であるというのです。このことを最初にしっかりと理解して、第一章から読み進まなければなりません。このことによって最高道徳の五大原理が相互に関連したものであるということが理解されるのです、と指導されました。

　では天地自然の法則とは何かと申しますと、博士はいつも「進化と退化の二つの法則」であると申されていました。進化の法則とは、慈悲の心に基づくところの精神作用と行為であり、退化の法則とは利己的心づかいに基づくところの精神作用と行為であるとしています。自然界には、この二つの法則以外に何もないとおっしゃっていました。この二つの法則を明らかにすることが広池博士の課題であったのです。仏教的にいえば、極楽に行くことのできる人はどのような人であるか、地獄へ堕《お》ちる人はどのような人であるかということです。このことを説き明かしているのが『論文』をはじめとする「原典」です。つまり、原典とは天地自然の法則を示したものであると考えるのです。

この天地自然の法則とは善因善果・悪因悪果の因果律のことを意味しています。博士は善因善果・悪因悪果の因果の法則が、この宇宙に厳然と存在することを確信されたから、この『論文』を書かれたのです。「このモラロジーという学問を樹立したが、果たして世の中の人が読んでくれるかどうか未知数である。しかし、善を行なえば必ず善人がついてくるということを確信したので、モラロジーの建設を思いたった」とも申されていました。

また、「モラロジーとは個人の人格向上と、その家の繁栄とをめざして書いたものである。その手段・方法として人心の開発と救済とを説いてあるのである」と博士は申されていました。人を大事にするということは、結局自分を大事にすることであることを早く気づいてほしいと願っていたのです。「人を大事にした人はすべて幸せになっている、人を憎んだ人はすべて苦しい生活を送っている、という事実を直視しなさい」とも指導されました。

生きた道徳

「道徳は信仰より導入されたものでなくては生命力はないのであります」と書かれた原稿があります。道徳といいますと、何かしら窮屈で形式的なものを考えてしまいます。しかし、道徳の実行とは自分も相手の人も、そして、第三者も共に進化し発展していくためのものです。そのためには、生命力ある道徳というものを身に付けなければなりません。博士は、このことについて「モラロジーを勉強して、どうぞ、この方に幸せになっていただきたいという祈りが入って初めて、己を助け、相手を救うことができるのです」と申されています。

そして「知的ではだめである」と書かれています。知的に理解するということは大切なことです。広池博士が道徳実行の効果を実証しようとされたのも、「最高道徳」を五大原理で説明されようとしたのも、道徳実行の意義と具体的な指針を理性によって知的に理解することをめざしたものであったのです。しかし、その知的な理解で止まっていたのではモラロジーを学んだ意味がありません。効能書きを読んで薬を飲まないようなものです。

また別の原稿には「原典を素直に読んでほしい」ということが書かれてあります。「素直とは、丸飲みということである」とおっしゃいました。食べなさい、読みなさい、行ないなさいと言われたら、すぐに「ハイ」と言って実行に移しなさいというのです。「どうだろうか、どうだろうか」と、首をひねっている間に一生が終わってしまうぞ、とも申されました。

「丸飲みにせよ」といっても、納得することが大切であるとおっしゃいました。自分がまねごとでもよいから実行してみて、そこで出た結果をしっかり自覚しなさいというのです。相手のことを思ってやったら、相手の方があんなに喜んでくれた、そして、自分も心中たいへん安らかで、嬉しく、楽しいという感情を抱くことができる、その時、「なるほど、人を幸せにすることは、こんなに嬉しく、また楽しいことであるのか、人の幸せを喜ぶことのできる心とは、こんなに楽しいことであるのか」と納得しなさい、と博士は申されています。そして、「まねごとでもよいから、このような体験をたくさん味わうことが大切である」と指導されました。このような経験を積むことによって、私たちは初めて最高道徳の真理に少しずつ進入していくことになるのです。しかし、私たちはどうしても文字にとらわれてしまいます。

そこで、「信じる」とか、「悟り」とかいう心境を博士は説かれています。「最高道徳の格言」の中に「深く天道を信じて安心し立命す」とあり、「現象の理を悟りて無我となる」、「言外の真理を悟りて、これを行なう」などとあります。ここで「信じる」、「悟る」という境地を説いています。この「信じる」、「悟る」とは、今申し上げました、まねごとでもよいからさせていただきますという精神作用によって求めることができると指導されました。

先ほど申し上げましたように、人様の幸せを祈りつつ行なった後に、「なるほどなあ、皆様の幸せを祈ることが、こんなに心の安らぎをもたらすものであるのか」と実感するのです。この「なるほどなあ」というところが「悟り」であると博士はおっしゃっています。このことを「心でうなずく」とも申されていました。また「深く天道を信じて安心し立命す」とありますが、この格言の「天道を信じる」とは「因果律を信じる」ということです。この信じる心、悟りの心境が開けた時、私たちは安心して生活をすることができるのです。そして、その人の心の底辺には「すべてのものを安心、平和、幸福に導いていこうとする人心救済の情」がおのずから湧きあがってきます。つまり、「生きた道徳」的感情が芽生えてくるのです。

教えの生命

このような心境に一歩でも近づくことができたら、なんと楽しいでしょう。そこで、この心境を求めて第一歩を進めようとする感情を高めなければなりません。そのためには、広池博士の人心救済に尽力されるお姿を知ることが大事です。特に原典を執筆される博士の姿を思い浮かべるならば、私たちは必ず「最高道徳」の実行に素直に入っていくことができるでしょう。

随行をさせていただいて、最も感動しましたのは、何度も申し上げましたが、広池博士の原稿を執筆されているご様子です。発汗と発熱を繰り返しながら必死で筆を執られる姿が目に焼き付いています。少し休まれたかと思うとすぐに「筆を」と言い付けられます。筆と紙とを用意しますと原稿を書かれます。

博士は、原稿の内容が頭に浮かんできますと「おい、起こせ」と申されます。博士を抱き上げますと、「そのまま後ろから抱いていてくれ。わしは倒れそうだ」と申されます。そして、もう一人の書生を呼びます。博士はまず白紙の原稿に手を合わせます。そして、筆を渡しますと、礼拝をしてから初めて原稿をお書きになるのです。書き終えますと、原稿を掲げて一礼され、神棚へ供えます。そして「墨が乾いたら清書しておきなさい」と指示されます。このようにして原典は執筆されたのです。博士は一枚一枚の原稿に拝礼して筆を執られたのです。一文字一文字を祈ってお書きになったのです。祈らずに書いた文字は一文字もありません。

『論文』の文字はすべて博士が祈って書かれたものなのです。「諸君たち、幸せになってくれ」という祈りが込められているわけです。特に晩年に書かれたものは教訓とか達示、訓示の類が主でした。その数はものすごい分量になりました。『モラロジー重要教訓集』というものがありますが、あれは、ほんの一部分にすぎません。毎日毎日、昼夜を分かたず、私たちが誤らないようにと願って教訓や訓示を執筆をされていました。『論文』の追加文もその後に出版された『新科学モラロジーおよび最高道徳の根本原理』『新科学モラロジーおよび最高道徳の特質の大要』など、すべて原典を誤解することなく理解して、幸せな人生を送ってほしいという博士の願いが込められているのです。床の中で闘病しながら、原典の表現の不備な点を補い、団体が大きくなっていくことによって生じるであろう問題に対しても実に周到に指示をされていま
す。
　このような必死の覚悟で祈りつつ書かれた博士の心というものに感動しなければ、何回『論文』を通読しても、いくら原典を読んでも、その言外に込められた「モラロジーの生命」を知り、真理に通達することは、おそらく不可能であると思います。原典を読む時には、祈りつつ筆を執る博士の姿が浮かんでこなければなりません。このような精神作用となった時に、私たちの心はおのずから奮起し、その博士の努力に報いたいという感情を抱くようになるものです。私たちは何か大切な「教えの生命」といったものに気づくはずです。
　亡き博士を偲び、亡き博士の御魂《みたま》にご安心していただこうという精神作用は、「信仰心」と申してよいでしょう。信仰心とは、見えないものを尊いとする精神作用です。「私を守りたまえ」というような拝み信心ではありません。いかにして、神の心、仏の心、そして、博士の命をかけた心に添えるかと考える精神作用です。晩年に、「予の道徳的事跡を研究することによりて、より高く、より深くモラロジーを理解し、

最高道徳実行への感情を高めること」と教訓されました。博士の事跡を学ぶことによって、見えないものを信じるという精神作用が芽生えます。それは信仰的精神作用といってもよいでしょう。それが私たちの道徳的感情をより高めていくのです。すなわち至誠心が湧き出て、慈悲心に生命力が加わり、真の最高道徳の実行となるのです。

自己反省

私たちは、この信仰的な精神を持って進もうとすると、横手から利己的本能が邪魔をします。そこで「自己反省」が必要となるのです。一日を振り返って「おもしろくなかった、損した、あの人が自分のことをこう言った」というようなことが気になってきます。この精神作用が私たちの進化、発展を止めてしまうのです。

そこで「なぜ、このように不愉快なのだろう」と反省します。すると、不愉快とは常に自分を中心として物事を考えているからだということに気づきます。せっかく慈悲の心を持とうと努力していても、ちょっとしたことで利己心が出てきてしまうのです。「こんなに努力しているのに……」という心が、すでに自分中心の心づかいなのです。もしも人から批判され、また非難された時には、「おまえも、同じように人を批判し非難する癖があるのだ」と神様が戒めているのだと思え、と指導されました。私たちは、このように日常の生活に即して指導をされました。

私たちは、日常いろいろなことに出会います。そのつど、一度は「ムカッ」としま す。そして反省をすることができます。これが若い者の反省の仕方であると申されました。さらに、神の心に添うことができなくて申しわけない、博士の人心救済の努力に対して申しわけないというように反省し、その御心に添うことができるように努力していくのです。これが博士の説く自己反省です。決して後悔したり、悪かったなどと反省するだけではないのです。もっと積極的な意味を持っているのです。

このように、神や伝統の心を中心として反省を繰り返していきますと、やがてそれが「習い性」となっていきます。初めのところでも申し上げましたように、「精神伝統に従うことが天地の法則に従っているということである」という言葉の意味がお分かりいただけるのではないでしょうか。

因果律の教え

先ほど、五大原理の説明で申し上げました「五本の指」のことですが、その五本の指を根底から結びつけているのが、善因善果・悪因悪果の因果律です。博士は「神を信じることは因果律の信仰による」ということをよく申されました。因果律を神と見なさいというのです。私たちの身の回りに起こる出来事を見てみますと、悪事を働いた人へ、それなりの結果が与えられるということがあります。悪事とまではいかなくても、人に不快感を与えたとしても、それなりの因果律はやってくるのです。

「そんなことをしたら罰が当たりますよ」という注意を受けられたことがあるでしょう。また、「いいことをしましたね。きっと神様、仏様のお守りがありますよ」と褒《ほ》められたこともあるでしょう。私たちは昔から因果律に基づいて教育されてきたのです。しかし、漠然としていたのです。このモラロジーは、この因果律を学問・科学の立場から立証しようとしているのです。ここに博士の学者としての使命があったのです。

また従来、因果律というと悪因悪果の方面のみが強調されてきました。しかし、博士は善因善果の法則を説き、人々に善すなわち慈悲の心を積み重ねることの重要性を説いたのです。

さらに、博士は『論文』の中で心身の関係を詳しく説いています。このことは私たちが自分のことに引きつけて考えればはっきりと理解することができます。たとえば、私たちが楽しい時、愉快な時には、脳の神経も安定し、内臓も正常に機能します。それに対して人を打ったり、憎んだり、また心配ごとがある場合など、脳の神経は不安定で、内臓も正常さを失ってしまいます。そんな時に何を食べてもおいしくないし、何をしてもおもしろくないものです。

この不安定な心身の働きは、行動となって表われてきます。腹立たしい行動をとったり、捨て言葉を使ったりするようになります。すると周囲の人に不快感を与えます。不快感を感じた人は「なんと気の短い人だろう」と憤慨するでしょう。そして、「こんな小さなことで、こんなに怒らなくてもよいのに……」と、相手の人格を軽視するのです。このような精神作用・行為が累積していって運命がよくなるはずはないのです。精神作用は肉体のみならず、その人の運命にまでも影響してくるというのです。

それに対して、慈悲の心に基づく思いやりの心を抱くならば、脳の神経もおだやかとなります。そして、その精神作用はその人のまなざしや、物腰まですべて柔らかくしていきます。そして、自分の周囲にいる人に対しても温かい、柔らかな感じを与えることになります。「なんといい方だろう」という感情を相手の人に抱かせることとなるのです。

そこで広池博士は「相手の方を大事にすれば、あなたが大事にされますよ。相手の人を愛すれば、あなたが愛されますよ。これが大自然の真理ですよ」と申されました。博士はこんなにやさしく宇宙自然の法則を説いているのです。

この因果律についての研究が十分でなかったために、人々は「これくらいならばいいだろう」などと悪事を積み重ねていくことになったのです。そして、幸せから遠ざかってしまうのです。博士は人々に因果律の厳然と存在することを知らせ、その不幸に陥ることを戒めようと努力されたのです。私たちは瞬時たりとも因果律に支配されていない時はないのです。

そして、慈悲に基づく義務先行の量が多かった人が聖人です。「慈悲」というと、お釈迦様しか実行できない高度なものであるかのように感じてしまいます。しかし、博士の申されるように相手の人を尊び、なぐさめ、大切にする心が「慈悲」であるのです。この心は決して聖人のみが実行できたものではなく、私たちが日頃、心がけることによって身に付いていくものです。

このように、おだやかな精神作用が相手の人によい感情を抱かせます。「なんていい人なんだろう。いつ会っても、和やかな温かい人だ」という印象を与えます。そこでさらに皆様の幸せを祈り、そして、少しでも皆様のお役に立とうと努力することが「天爵を修める」ことになります。その結果、その人に人望、信用ができてきます。それに伴って地位や立場が認められるのです。これが「人爵」です。このように博士の教育には、必ず「天爵を修めて、人爵これに従う」という真理が説かれているのです。これが、先ほど述べた自然界の大法則であるのです。

見えないものを信じる心

「大事にすれば大事にされますよ。打てば打たれますよ。この世の中のすべて、この因果関係が存在するのです」と、私たちは厳しく指導されました。そして、因果律がその本人一人にのみやってくるというならば、しかたがないとしてあきらめることもできるでしょう。しかし、博士の研究の結果、因果律は一家、一門にくるというのです。ですから、私たち一人ひとりの精神作用とその行為は、いかに大きく私たちの運命を支配しているかということを自覚しなければなりません。このような意味で、モラロジーにおいては「精神作用」ということが重視されているのです。

このことについては『論文』第三章と第四章とに説かれています。そして、第十四章の最高道徳の実践論のところを開きますと、「第三章参照」「第四章参照」とあります。第十四章を読む時には、必ずこれらの章を開いて、横に置いておかなければなりません。第十四章では「神の心」「神の法則」という表現で、この因果律が説明されていることに気づくでしょう。先ほどより述べてきましたことから、この世の中のすべての現象は原因あっての結果であるということが理解できます。しかし「因果律様」「法則様」では実践に移ることができません。そこで博士は、その因果律を神とか仏という表現に入れ換えて説明されているのです。

重要なことは、この因果律を神の意思と見なければならないということです。博士の書かれたものの中に「自然の法則すなわち神の心」とあるのは、このことです。因果律を人格的に見る、つまり神の心、神の法則、神の意思と見ることによって、私たちは因果律を道徳実行のうえから見ていることになるのです。この精神を前提として誠意を尽くすならば必ずご守護があり、事が成就するという確信を得ることができるのです。私たちは、この大法則の源に神様が存在しているかのように思うことができます。このような精神は信仰的な心によらなければ通達することはできません。

塾生に対して、博士は「窓の外を見て何が見えたか」と質問されますので、「風が吹いています」と答えると、博士は「諸君は風が見えたのですか。枝が揺れているのを見て風が吹いていると分かったのでしょう」、「神の原理もそれと同じことです。進化・退化という現象は、何者かが動かしているのです。このような見方をしなさい」と指導されたことがありました。神の原理を実に端的に指導してくださったのを思い出します。

また、次のようなことを申されたことがあります。諸君たちは帰省したら神棚、仏壇を拝するでしょう。その時、何に対して礼拝しているのですか。お札や仏像、位牌に向かって祈っているのです。位牌を見てご先祖様がそこにいらっしゃると信じたのは、実は両手を合わせた諸君たち自身なのです。神棚に向かって拍手《かしわで》を打って礼拝をしたのも自分自身なのです。お札の中にはただ神様や神宮の名が書かれているだけなのです。しかし、私たちは、それを神として敬い、そして祈ったのです。とすると神様は各自の心の中に存在するのです。このような立場から、この宇宙自然の世界を見なさい、と指導されました。

このようにして博士は、若い私たちに対して、見えないものを信じる心の重要性を指導してくださいました。博士の墓地に参った時にも、これと同じ精神作用が必要です。そして、この神を信じ、博士の心に触れるという精神作用は私たちの心に安らぎを与え、身体、そして、生涯にたいへん大きなプラスのものをもたらします。利己的な心の入り込む余地のない精神が芽生えるのです。

また、モラロジーと最高道徳を混同してはならないと申されたことがあります。モラロジーのほうに重点を置きますと、安心、平和、幸福という道徳実行の結果が書かれてあります。しかし最高道徳のところは「過去累代の義務弁償」ということが中心となっています。このように、モラロジーはなぜ結果まで書かれてあるのか、最高道徳は義務弁償というところまでしか説いていないのかということをじっくりと考えなければなりません。

モラロジーとは最高道徳のいわば証明書であり、薬の効能書きのごときものであるとも申されました。その効能書きを信じて、とにかく飲んでみなさい。飲んでみなければ本当の効果は分からないのだと指導されました。この効能書きを信じるためには、どうしても博士の事跡を学ばなければなりません。そして、「とこしべに我が魂はここに生きて、御教え守る人々の生まれ更わるを祈り申さん」という辞世の言葉に接した時、一体何を感じるかということです。胸に熱いものが込み上げてこなければなりません。このお言葉によって博士の慈悲の心が私たちに迫ってくるのです。

まとめ

先ほども申し上げましたように、私たちは道徳的感情を高めることによって最高道徳の世界に入っていくことができます。その道徳的感情とは、「ありがとうございます」という精神として表われてくる感情です。また「神様、見ていてください」「しっかりやりますから、大先生（博士）見ていてください」というのも道徳的感情です。これは信仰的な要素を持った純粋な感情といってもよいでしょう。この精神でもって『論文』をはじめとする原典を読んだ時、行間に込められた博士の心、すなわち「モラロジーの生命」に触れることができるのです。

皆様ご承知のように、原典の中に、「最高道徳の教えは言論の教えではなく、実行の教えでありますから、これを実行した私の精神作用と行為、すなわち私の道徳的事跡そのものが道徳科学の生命である」とあります。広池博士は『論文』の行間に込められた「教えの生命」に触れよとおっしゃっているのです。広池博士の人心救済の心に感動し、その精神を受け継ぐという精神を持って、相手の人の幸せを祈る信仰的精神が大切なのです。冒頭に申し上げました「モラロジーをいくら知っていても何もならない」というのは、このことです。

広池博士の教え ㈥

はじめに

平成五年十月十七日、御殿場生涯学習センター「センター講座」における特別講義（畑毛記念館）

今回は、書生という立場から見た広池博士の人間像を申し上げながら、原典（『論文』）に示された教えを考えてまいります。

私は広池博士をいろいろな角度から拝見してまいりました。いいおじいさまというところと、すばらしい学者というところと、すごい宗教家であるというところなど、いろいろな博士を書生として拝見いたしました。そこで広池博士の書生としての体験を通して、博士がどのようにモラロジーを説かれたのかということを申し上げたいと思います。そして、私たち自身、どのような態度でモラロジーに臨んだらよいのかを考えてみたいと思います。

ある質問

ある時、別科生（現在の講座生）が「モラロジーはなぜつくられたのですか」という質問をしたことがありました。その問いに対して、広池博士は次のように話されました。

「あなた自身が立派になり、あなたの家が幸福になるために書いたのです。その手段、方法として、人心の救済ということを説きました。人心の救済とは、太陽が、あるいは大自然が万物を覆育《ふくいく》している様子を、人間社会に当てはめて説いたものなのですよ。そして、自然の法則の根本をなす『原因と結果との因果関係』のことを知りますと、だれが見ていようと見ていまいと、お礼を言われようと言われまいと、他人のことなどは一切気にとめることなく、悠々として天地の公道を歩むことができるのです。つまり、すべて人心の救済ということを目的とした行動をとることができるようになるのです。そして、その結果、あなた自身が立派になっていくのです」と。

最高道徳の格言の中に「深く天道を信じて安心し立命す」とあり、また「他を救うにあらず己を助くるにあることを悟る」とありますが、ここに自然の法則に沿って生きていくことの目的が説かれているのです。つまり、自然の法則に従って生きるのは「安心立命」し、自分自身がより立派な人物となるためなのです。さらに、モラロジーを創立された博士の心を考えてみましょう。

モラロジーは善因善果、悪因悪果の法則を明らかにしようとしています。この因果律が明らかになっていなかったために、世界が混乱に陥ってしまったのです。なぜかというと、高位高官といわれるような人たちが、自分はこのように高い地位にいるのであるから、少しぐらいのことをしても大丈夫だ、などと勘違いしてしまったのです。そのために最近のニュースにもありますように、汚職として摘発されるはめに陥ってしまったのです。それを国家の指導的な立場にいる人がやったものですから、その部下の人たちは、「あんな偉い人でもやっているのだから、自分たちも許されるのだろう」として、さらに勘違いをしてしまったのです。博士は、人々を、このような状態からなんとかして救い出さなくてはならないとして、モラロジーを提唱されたのです。

では、次に、今申し上げた「自然の法則」あるいは「因果律」について考えてみましょう。

「自然の法則」について

博士は、『新科学モラロジーおよび最高道徳の特質』のレコード吹き込みを昭和五年に病を押して行なっていますが、その時、最初に第一章を吹き込んだ後、第七章上の「本能の原理」を吹き込み、利己的な心の不可なる理由を説明し、続いて、将来人類は労資の紛争によって混乱状態に陥るということを懸念して、第七章の下を吹き込んだのです。ここで病のため録音をいったん中断されます。

しかし、さらに力をふりしぼって、次に第十五章の因果律の部分を録音されたのです。その中には、すべてこの世界は原因と結果との法則によってでき上がっている、偶然、突発というようなことはありえないのである、この因果律は瞬時たりとも静止することなく、それを避けることはいかなる人でもできない、ということを説かれています。

博士はこの因果の法則を「天地自然の法則」として私たちに示されました。この宇宙の間には非常に大きな法則が働いています。偶然に雨が降っているのでもなければ、偶然に風が吹いているのでもないのです。そこには目に見えない法則が働いているのです。それは「平均法」という法則であるとおっしゃっています。

この平均と調和の法則に従って、私たちの周りの世界は刻々と不断に動いているのです。そして、この世界にある森羅万象は、すべてこの法則に順応することによってのみ生存を許されるのです。私たちは、その生物の中の「人」という生き物にしかすぎないのです。とすると、自然の法則に従うということは当然のことであるのです。

では「自然の法則に従う」とは、どのようなことなのでしょうか。

「モラロジーは新科学である」といわれていますが、どの点が「新科学」なのかと申しますと、「因果律についての科学的証明」を試みたという点にあります。しかし、自然の法則というものは、あまりにも広大であって説き尽くすことができないのです。最新の学問の成果をもってしても、どうしても説けない部分があるのです。しかし、すでに明らかになっている部分を信じて実行に入っていただくと、実際の体験を通して「なるほど」とうなずくことができるのです。温かい、優しい、美しい心づかいで行動した時に、実にすがすがしい気分を味わうことがあります。その時に「なるほど因果律というものは存在するのだな」と、理屈を抜きにして納得することがあるのです。これは「悟り」といってもよいでしょう。ですから、モラロジーを理解しようとしたならば、温かい思いやりの心をもって実行しなければならないのです。このような意味でモラロジーは実行の学問であり、「悟り」の教えであるということができるでしょう。

実行を通して納得するという点は、従来の宗教と何ら変わりはないかもしれません。しかし、従来の宗教における信仰は、「われを助けたまえ」、「われに福を授けたまえ」と言って神仏に祈願したのですが、モラロジーにおける信仰は「神様、仏様のお手伝いをさせていただきます」と誓うことを基本としているのです。ここに大きな違いがあります。

では、神様、仏様の姿はどのようなものかというと、広池博士は「宇宙でありま す」と明確に述べていらっしゃいます。そして、「宇宙とは天地自然の法則でありま す」としています。さらに、この「天地自然の法則」には「進化する法則と退化する法則」との二つがあるとしています。聖人の教説は、この二つの法則を説いたものであるというのです。この自然界のすべては、原因と結果との関係、つまり善因善果・悪因悪果の法則に貫かれているというのです。

「自然の法則」という表現は「最高道徳」の説明になりますと「慈悲」という言葉に入れ替わっていることに注意しなければなりません。皆様の幸せを祈り、家族の幸せを祈り、商売がうまくいきますようにと祈ります。また世間が、世界が平和でありますようにと祈ります。その祈る心が自然の法則に適った心なのです。

このように「自然の法則に従う」、あるいは「因果律を信じる」といった場合、「悟り」とか、「祈る」という要素が不可欠となります。この宗教心というか、信仰心というものを取り去ってしまったならば、「最高道徳」にはならないのです。そこで、次に、この「悟り」「祈り」という問題に目を転じてみましょう。

「悟り」、「祈り」

広池博士は、「正しい学問によって正しい祈りの心を持つならば、すべての人が神様になり得るという確信を持ったからモラロジーをつくったのです」と申されていました。そのためには「道徳を基礎とした信仰を持ちなさい」と指導されています。また、「道徳とは何ですかと問われたら、道とは天のこと、つまり神のことです。徳とは慈悲という意味です。神様の慈悲を人様にお伝えするには、祈りの心をもって初めて生命力があるのです」と説いています。

そして、さらに「皆様が人に道徳を説く場合には、信仰が導入されたものでなくてはならない」としています。ここでいう信仰とは、従来の拝み信心の信仰ではありません。ここにいらっしゃる人々がすべて幸せになってください、どうぞ宇宙の真理を悟ってくださいということを祈りながら諄々と道を説くのです。そのためには自分自身が純真な心となり、情熱を持って迫っていかなければなりません。分かっていただこうという祈りの心を持って説いていけばよいのです。

皆様は神壇や仏壇、広池博士のお写真に対して拝礼をします。それは、そこに神様、仏様、広池博士がいらっしゃると信じたのです。もしも、そこにいらっしゃらないとしたならば拝まないでしょう。つまり、拝んだ人の心の中に神、仏はいらっしゃるのです。神様が守ってくださると信じたから祈ったのでしょう。祈った人には全知全能の神様、仏様がイメージされているのです。祖先の位牌に祈ったのならば、そこにおじいさん、おばあさんが鮮明にイメージされているはずです。それが美しい祈りの心なのです。そのような心づかいを抱くならば腹の立つことはないはずです。

ここに伊勢神宮のお札があります。私が、このお札の前で拝礼をします時、あの伊勢神宮の社の前で拝礼していることをイメージします。この時が最も心の鎮まる時なのです。博士を拝礼する場合も同様です。ここのご神壇で拝礼する時も、学園の墓地で永眠されている博士の姿を思い浮かべます。そして、「今日は御殿場の講座生が来られます。よろしく私に力を貸してください」とお願いするのです。そして、博士のおっしゃった通りに、聴講されている方に、幸せを祈ってお取り次ぎをすればいいのです。

ここで信仰ということを考えてみましょう。モラロジーは信仰なのか、信仰ではないのかとこだわらなくてもいいのです。博士のおっしゃった信仰とは、次のようなものです。たとえば親が病気であるとします。するとお子さんが、毎朝薄暗いうちに起きて、氏神様に行って「どうぞ父の病気を直してください」と祈ったとします。すると、周りの人がそれを見て「信仰の深いお子さんだな」と思います。本人は決して

「今から父のために信仰に行ってきます」とは言わないでしょう。「お祈りに行ってきます」、あるいは「おたのみに行ってきます」と言って出かけるのです。それを第三者が見た時に信仰心厚いお子さんだなと思うのです。

祈る心のない人は人間ではないといっても言い過ぎではないでしょう。私たちは日常、折にふれて祈りの心を持つでしょう。両手を合わせて祈る心が私たちの心の中に思いやりの心を育んでいくのです。人様の幸せを祈る心が、私たちの精神をどれほど安らいだものにしていくかということです。それが人間にとって最も美しい心なのです。

「最高道徳」とは

ある時、「最高道徳の『最高』とは何ですか」という質問に対して、博士は、「最高とは純粋である、清らかである、温もりがある、育てる力があるという意味です。道徳の道とは天の道、自然の法則、人格的にみれば神の心ということです。徳とは太陽があらゆる物を育てていくような暖かさ、言い換えれば神の心、つまり慈悲のことですよ」と答えられました。

先ほど申し上げた自然の法則（因果の法則）の奥にあるのが、「最高道徳」というものなのです。「最高」とは何か。最高峰などという言い方もありますが、「普通道徳」に対して「最高道徳」という場合もあります。この場合は「天地自然の法則」、あるいは「神の心」という意味です。

「最高道徳の実行とは何ですか」と問われたならば、「それは人心の救済です」とはっきりしています。この「人心の救済」という心が「他を救うにあらず己を助くるにあることを悟る」という法則と合致するのです。人様の幸せを願って、それが実現したとします。そうしますと、必ず、その相手の人は「あなたのおかげで、このようになりました。ありがとうございました」とお礼を言われるでしょう。そして、「なんていい方だろう」と尊敬されるでしょう。このように声が周りから聞けるようになったならばどうでしょうか。これが「人爵」つまり、人が与えた評価です。そして、相手の人の幸せを祈り、そのために努力するということが「天爵を修める」ことなのです。そして、「人爵これに従う」の「従う」とは、「人爵」は自然に後からついてくるという意味です。これこそが、広池博士が提示された善因善果の法則であるのです。モラロジーで説いている「最高道徳」というものは、天地自然の法則を表わしたものです。この点をもう少し博士のご指導の実際を通して考えていきましょう。

モラロジーは生きた学問、つまり実践を主とするものですから、文字のうえに表わされていることを理解しただけでは不十分なのです。「言外の真理」という部分に目を向けなければなりません。

広池博士の話を大講堂で拝聴していた時に、「外を見なさい、何が見えましたか」と質問され、私たちが「風が吹いています」と答えますと、博士は「風が見えるはずがないだろう。諸君は枝の揺れているのが見えたのです。そして、枝を揺すっている大きな力を感じたのでしょう」とおっしゃいました。目には見えませんが、確かにそこに大きな力を感じとっているのです。

このように、私たちは私たち自身の主観でものごとの存在を確信していくのです。慈悲の心を感得しようとして自己反省を続けます。すると少しずつ心が優しくなり、人相や言葉づかいが変わってきます。家族の平和とか、子供たちの成長などを願いながら、怪我をしたり、自動車事故を起こしたり、階段から落ちたりしてはいられないと自覚されるはずです。とすると人様の幸せを祈るには、まず自分が安全で、最も慎重に行動しなければなりませんし、自分が健康でなければならないということになります。このことから、最高道徳を実行しようとする人には怪我はないはずです。人様を指導する人がそそっかしくては人はついてこないでしょう。このように、人様を開発するためには、自分自身がしっかりした人間にならなくてはならないのです。ここで「精神作用」、「心づかい」という問題が大切になってくるのです。

理想的な家庭を築く心づかい

心づかいがよければ、どのようにすばらしいかというと、これは皆様だれもが体験されていることです。とても心が豊かで優しい気持ちの時は食事がおいしいでしょう。このような時は消化器官も順調に働いてくれます。そうすれば、食べたものはしっかりと消化され、健康となるでしょう。そして、愛情豊かな人生を歩んでいる人は年齢よりも若く見られることもあります。この豊かな心、優しい心、健康そして愛情は、当然のこととしてその家族、特にお子さんに大きく影響していきます。両親を尊敬し、親を大切にする優しい感情豊かな子供は、このような心の豊かな家庭から育ってくるのです。

このことは『論文』第四章において、心理学の成果を踏まえて展開されています。私たちが両手を合わせて祈り、きれいな心となった時、どのように脳の神経が安定するか、そのことによって消化器官がいかに順調に運行するか。食べたものは完全に消化され吸収されていくのです。何億という細胞は新陳代謝を繰り返していくのです。このようになれば自然と健康体となるのです。これを乱すのが利己心です。腹が立ったならばすぐに食欲不振に陥ります。また唾液の分泌も止まってしまうのです。このようなことを多方面から述べているのが『論文』の前半の部分です。この部分をしっかりと学習しておきますと、原因と結果との関係、つまり因果律が歴然としてきます。そうしますと、すでに学んでこられた「慈悲」という精神作用が、いかに大切なものであるかということが実感されます。

私たちは利己的な本能を有しているので、自分の思いどおりにならないとムカムカとするのです。そこで腹を立てますと神経が高ぶってしまいます。神経が高ぶってきますと、当たり散らすようになります。ご主人が腹を立てると奥さんに当たります。奥さんがイライラしているとご主人に当たります。その心が子供さんに影響してきます。「うちの両親はまた喧嘩を始めた」というように感じながら、子供が素直に育つはずがないのです。このように博士はいろいろな角度から道徳の必要性を説いています。

心の豊かな家庭を近所の方が見れば、自分もあのような道徳的な心の豊かな家庭をつくりたいと思うでしょう。これが「人心の開発」であると博士は申されていました。「人心の開発」とは、何も人に話すことではないのです。「幸せな姿、幸福な姿、道徳的な姿を示すことであります」という訓示が出されています。お子さんは「お父さんのようになろう、お母さんのようになろう」という心を抱きます。ここに博士が最も重視された「伝統尊重」、「伝統祖述」という心が芽生えてくるのです。

そして両親は、子供を社会の平和に貢献するような、人様のお役に立つことのできるような人物に育てようとします。この両親の心も博士の教えてくださった心に添っていこうという姿勢ですから、「伝統尊重」、「伝統祖述」ということとなるのです。これで一家一門がすべて天地の法則に従って歩いていることになるのです。これが広池博士が理想とした家庭であるのです。このようなことを教えているのが、原典つまり『論文』です。

また、ある時、「やったらやっただけ前進していきます。不平を持ったり文句を言ったりしただけ後戻りしていくのです。二歩進んで三歩後戻りをしたのではなんにもなりません。ですから、私たちは前へ前へと進んで行くように反省をしていかなければなりません。人を打たない、いつも親心をもって対処していくのです」と申されたことがありました。

そして、続いて、「特に奥様はご主人に対して母親であるという心を持ちなさい」とも指導されています。外で苦しい思いをしてきますと、なぐさめてくれるのは奥様だけなのです。ある時、博士は講座生（別科生）の中の女性だけを麗澤館の八面玲瓏の間に集めて、「あなた方はご主人に対して母親であるという心をいつも持ちなさい。外で口には出せない苦労をして帰ってくるのです。温かく迎えてやってください」とおっしゃっていました。その時、「主人がお酒をたくさん飲んでしようがないのですが、どのようにしたらばいいのですか」と質問がありました。それに対して博士は、飲んで帰って来たご主人に「今日はお疲れですね、ごくろうさまでした。一本どうで

すか」とお酒を準備してやりなさい。「もう一本飲んでから、ぐっすりと寝てくださ
い」と言うならば「ありがとう」と言って、奥様の愛情につつまれることになるので
す。その時、奥様はちゃんとお酌をしてあげなさい。決して邪険にしてはいけません
よ、と指導されました。

「道徳」に対する偏見

初めてモラロジーという教えに接した方は、「道徳」というと何かしら難しいのではないか、窮屈なのではないかという懸念を抱かれるのではないかと思います。日常生活の中での利己的な、自分中心のものの考え方からすると、「道徳」とは堅苦しいものとして印象づけられるのです。これは従来の「道徳」という観念からみているから、そのように思うのです。特に若い方は、そのように思いがちです。若い方が「道徳」という言葉を嫌うのはそのためです。

「道徳、道徳」というと型にはめられるようで窮屈だと考え、自分はもっと自由奔《ほん》

放《ぽう》に生きたいなどと言う人がありますが、果たして自由奔放な生活の中に本当の自由があるのかというと、かえって不安や焦燥の中で生きている人が多いのです。本当に心の底から安心して奔放にぶらぶらしているのでしょうか、安心して適当なことをやっているのでしょうか。実は不安定な精神状態の中で日常生活を過ごしているのです。常に不安というものがつきまとっています。しかし、「道徳」というものは、その不安感というものを取り去っていくものなのです。

広池博士は人格の形成について、常に「その人の祖先以来の徳と、本人の生まれてから今日までの精神作用と行為によって形造られたものである」ということを説かれていました。そして、その「人格」によって物事を判断し、行動していくのですが、問題は何を基準として行動するかということです。

博士は精神作用と行為、また精神と運命といったことについての因果関係をつぶさに述べていらっしゃいます。それは私たちに、各自のものの考え方が自分をとりまく人間関係などに大きな影響を与え、それが各自の精神作用に影響し、その人の運命を決定していくということを知らせたいからなのです。そして、今、この一時の精神作用が非常に重要であるということを知らせたかったのです。つまり、私たちの日常における精神作用は、すぐに肉体に影響を及ぼすのです。おもしろくないことがあれば食欲は減退するでしょうし、失恋をした人は見るからに萎《しお》れています。逆に精神の豊かな人は、はつらつと目が輝き、明るいのです。

このように、私たちはすべて精神作用によって支配されています。言語、動作のすべてがそうなのです。口や手足が勝手に動いているのではありません。精神が道徳的であるならば、道徳的な言語、動作となって表われるでしょうし、不道徳な心ならば、それなりの言動となるのです。不安ならば、またそれなりの言動となります。そして、その人を見ていた人が「いい人だな」と感じるのと、「いやな人だな」と感じるのとでは、人間関係の点で大きな開きができてしまうのです。

不安を抱きながら自由に奔放にやるというのでは、この精神作用がよくありません。そんなことをしていたら、まず体がもたないでしょう。「本当の自由」とは何かということを考えなければなりません。

天爵と人爵

先ほど申し上げた善因とは「慈悲」であり、悪因とは「利己的な心」です。「利己的な心」とは何かというと損得、好き嫌いの心です。この心で物事に対処しますから、いらいらしてみたり、癪《しゃく》にさわったり、腹が立ったりするのです。相手の人の幸せを願った時には、決してこの利己的な心は起きてきません。仏教で説く極楽・地獄とは、この二つの法則を言い換えたものなのです。

しかし、従来これらの因果関係について科学的な説明をすることができなかったので、人々を納得させることができなかったのです。たとえば、頭痛があったとします。その時、本堂へ行ってお釈迦様の像を拝んだら血液の循環は順調となり、神経性の頭の痛みぐらいは治ることがあります。たいていの人は「頭痛が治った、ご利益があった」と言います。でも運命は開きません。自己満足なのです。人様、自分の周囲の人の幸せを祈った時に「開運」となるのです。「開運」ということは人様のことを思わなかったならば実現しないのです。自分のことを祈っている時は「開運」にはな

らないのです。相手の人から「なんていい方だろう」という感想が返ってきた時が開運の第一の兆しなのです。

講堂の正面に「天爵を修めて人爵これに従う」と掲示されています。先ほども申し上げましたが、「あなたのおかげで、家族も円満になりました」というお礼を言われたとします。これが「人爵」です。すると「天爵」の意味は、もうご理解いただけるでしょう。それは「皆様に幸せになっていただきたい」という心づかい、および行為です。すなわち最高道徳の実行です。

最高道徳の実行を別の言葉でいうならば、「人心の開発救済」です。「開発」とは、言葉、理論をもって相手の人に納得していただくことです。「救済」とは、その理論を説きつつ感化力をもって進んでいくことです。このことを言い換えますと「情理」となります。「情」とは祈りのことです。「理」とは説明です。「祈りの心」がいかにすばらしいかということを説いてい

広池博士の教え（六）

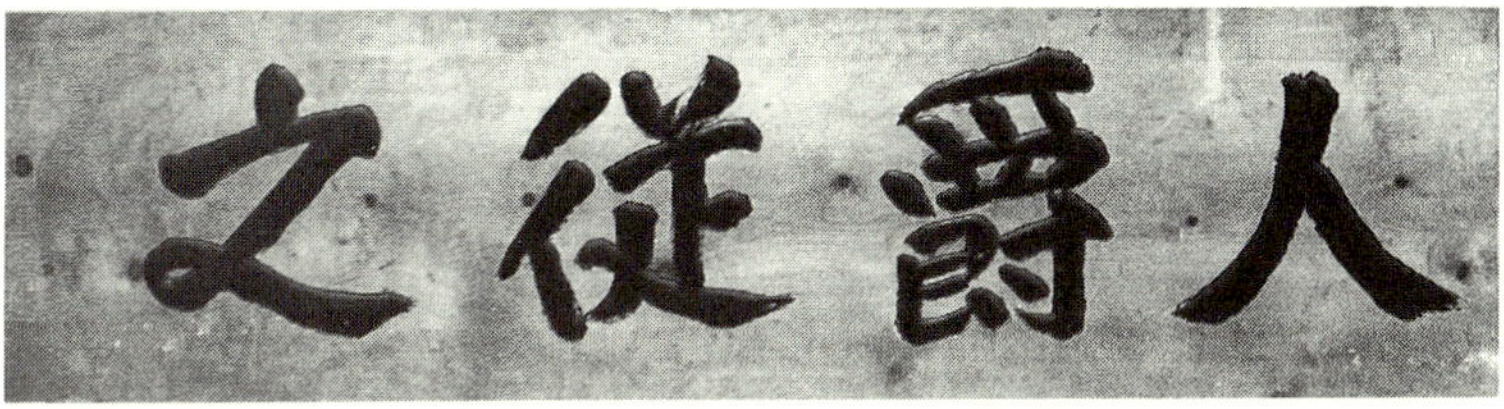

くわけです。これによって私たちは善を行なうことになります。これが道徳（最高道徳）の実行なのです。これが開運の第一歩です。博士は、この点を長い間追究して、「モラロジー」を樹立しました。そして、大切なのは「祈りの心になった時に、人心の救済の心に生命を生じる」ということです。

「ありがとうございました」と、あちらこちらから感謝の言葉がきます。これで人望ができたことになります。これが「人爵」です。その人の人格ということです。人格は言葉を換えれば「徳のある人」となります。「徳」というものの中を開いてみると「慈悲」という文字が入っているわけです。愛情が入っているのです。人を大事にするという愛情が入っているのです。このような人には「自己中心」の心は、いささかもありません。そして、人から尊重されるようになるのです。

しかし、人を大事にする心境にはなかなかなれないものですから、「自己反省」ということが大切となってくるのです。「慈悲寛大自己反省」の精神です。「慈悲寛大」とは、すべてのものに対して幸せになっていただきたいという精神作用と行為を意味しています。しかし、その精神、行為に自分の精神、行為が添っていかないのです。ややもすると、「ばかばかしい」と言って、物事を投げ出してしまうことがあるのです。「人心の救済」は、「他を救うにあらず己を助くるにあることを悟る」という宇宙の真理を知っていながら、何かしらばからしいような感じがしてしまうのです。そのようなことでは、まだまだモラロジーが真に理解されていない証拠なのです。

ある時、次のような指導を受けたことがあります。

「人様から何か言われた時、おまえたちは腹の立つこともあったろう。若いから腹が立ってもいいいぞ。しかし、おまえたちも人様が不愉快になるようなことを言ったことがあるだろう。そうしたら、今の腹立たしい心を思って、人様に対する言葉に注意すればいいのです。とすると、腹の立つようなことを言った人は、おまえたちに大切なことを教えてくれたのではないのか。砥石《といし》となっておまえたちを研いでくれているのだと思いなさい。いやなことを言った人は恩人なのではないか。若いうちは腹を立ててもかまわないが、少しずつ是正していけばいいのですよ」

腹を立てている若い人に対しては、このようにして指導されました。腹を立てるということは、どれだけ多くの貴いエネルギーを浪費してしまうかということです。そのエネルギーを補っていくのはなかなか大変なことなのです。ちょっとした反省ぐらいでは補いきれません。三日も四日も腹を立てていたら、痩《や》せ衰えてしまいます。人相は険悪となり、言葉は荒々しくなってくるでしょう。そして、動作も乱暴になってくるのです。これを家庭の中でやったならば、家庭の中は地獄です。両親がお互いに言い争っていたとします。すると子供さんは家に帰って来るのがいやになってしまうでしょう。そして、道を外れてしまうのです。

「モラロジー」は難しくない

『論文』の一章から七章までは科学的な説明をしています。そして、八章から十三章までの中で、世界の著名な学者の学説や聖人といわれる人々の教説が述べられています。「愛」とか、「仁」とか、「慈悲」とか、いろいろな言葉で聖人は人の生きる道を示されましたが、人類全体を幸せに導き、平和な世界を築こうとしている点において共通しているのです。しかし、科学的にその教えを説いていないので、博士はモラロジーという新しい学問の領域を開こうとされたのです。極楽にいくためには慈悲の心をもって衆生済度（人心救済）しなさい、という仏教の教えがありますが、なぜ衆生済度をすると幸せになるのかということは説明されていません。この「なぜ」というところをだれにも分かるように説明したのがモラロジーなのです。

「慈悲」とか「人心の救済」というと、何かしらとても難しいことのように思えるのです。「慈悲」というと特定の人にしかできないもののように感じてしまうでしょう。しかし、「慈悲」の内容をよく考えてみますと、温かい心、優しい心、ものを育てようとする心、皆様に安心してもらおうという心および行動ということになります。これならばだれでもできるでしょう。すぐにできなくても、自分にもできそうだと考えると思います。この心を人様にお伝えすると、これが「人心の救済」になるのです。「君、人心救済をしたまえ」と言われれば、たいていの人が「私にはとてもできません」と思ってしまいます。しかし、「思いやり」とか、「人様を大事にする心」とか、「人様に幸福になっていただきたいと願う心」といいますと、身近な問題という印象を抱くことができるでしょう。モラロジーで説いている最高道徳の実行とはたいへん身近な問題であり、そんな難しいことではないということがお分かりいただけるでしょう。このような日々の心を累積していくことが「義務の先行」であるのです。

繰り返し申し上げますが、モラロジーは決して難解なものではありません。「自我没却、神意同化」という教えがありますが、自我、つまり利己心をなくしてから慈悲になる、と理解するから、とてつもなく難しい教えになってしまうのです。しかし、よくよく考えていきますと、「自我」は、思いやりの心、慈悲の心、愛の心になった時に、すでになくなっているのです。言い換えれば、人様を大切にしようという心を持った時に、自我は取れてなくなっているのです。自我を没却するということは、頭の毛が伸びたからバリカンで刈るというようなものではないのです。

次に、皆様がモラロジーを学んで、最高道徳を実行するには何が必要であるかということをお話しいたします。この点が案外把握されていないのではないかと思います。この点をうっかり表現すると宗教と誤解されることとなるのです。その宗教と思われるぎりぎりのところを伝えることができませんと、最高道徳の実行の原点を示すことができないし、モラロジーを正しく相手の人に伝えることができないのです。

それは信仰心と神の原理と因果律の接点をどのように理解するかということです。これらは言葉で示しますと三つのように感じられますが、実は一つのものであるということが理解されなくてはなりません。ある面からみれば原因と結果との法則であって、ある側面からみれば神の原理であるということです。これらは実際に目に見ることができないものですから、信じなければならないわけです。しかし、ただむやみに信じるというのではなく、「尊いものである」という感情が伴わなくてはなりません。モラロジーという学問に祈り（信仰心）が入ると、それは「最高道徳」となるのです。モラロジーには「自我没却」ということが説かれていますが、「最高道徳」にはありません。「最高道徳」では「慈悲の心をいかにして体得するか」という問題から入っていくのです。

要するに、モラロジーは「自我」を没却しなければならないということを説明しているのですが、「最高道徳」の教えは慈悲の心を抱くことに努めなさいと説いているのです。モラロジーは薬でいえば効能書きのようなものです。その薬を飲まなければ、いくら効能書きを読んだところで効果はないのです。

モラロジーは学問であり、学説として展開されていますから、表現として難解な部分もあります。「思いやり」のことを「忠恕惻隠《ちゅじょそくいん》」などという難しい言葉で表現してあります。やさしく表現すると、いかにも幼稚な感じを受けますが、理解できなければ何もならないのです。分かるということが最も大切であると博士はおっしゃっています。言われたことが「あ、そうだ、そのとおりだ。自分もやってみよう」と納得できることが最も大切なのです。

まとめ

「精神を正す」とか、「更生（生まれかわる）」などということをよく耳にしますが、なかなかできないことです。少しぐらいの反省では、私たちの精神は立て替わらないのです。命をかけなければなりません。

なぜ命をかけなければならないのかと申しますと、広池先生は原稿を書かれる時に常に命をかけて書かれていたからです。このことは、これまでにも繰り返し申し上げました。また、講演をされる時も命がけでした。実例を申し上げます。

昭和十二年五月十五日、広島に随行させていただいた時、教育会館で何千人という聴講者を前にして講演をされた時のことです（詳細は『随行記録・晩年の廣池千九郎博士』参照）。立っているのがやっとという状態で、博士は、天地自然の法則を諄々として説かれました。そして、博士を抱きかかえ、背負って宿舎へ戻りました、その時、博士は畑さんという広島の幹部の方に次のように話されました。

「わしは立っていることもできないほどの状態でした。しかし、いったん人間が至誠慈悲の精神になって、どうぞ、ここに集まってくださっている方々が本当の『道』を知ってくださって、幸せになっていただきたいと祈る時、私広池の力ではない大きな力、エネルギーを神から拝借することができるということが、今回の講演ではっきりと分かりました。あなたも一生懸命にやったならば、必ず、そういった大きな力をいただけますよ。やってごらんなさい。やらなければ分かりません。モラロジーは薬の効能書きのようなものなのですよ」

このような広池博士の「なんとしても、この人たちを救い上げたい、なんとか立派な人になっていただきたい」という命がけの人心救済の心に、少しでもお応えしようという姿勢が大切なのです。

広池博士の教え（七）

はじめに

平成六年一月九日、畑毛記念館における講話

皆様が、この畑毛記念館へ来られて広池博士を偲ばれますのは、「最高道徳の核心」を知り、今まで学んできたモラロジーをどのようにしたら最高道徳に入れ替えることができるか、そして、実際の生活の中で「最高道徳」の精神をなんとしても生かしていこうという意志を感得していただくためです。「富岳荘」の門札に「友あり遠方より来たる、皆、自《おの》ずから道を得て還る」と書かれていますのは、このことを言っているのです（**二四一ページ、資料⑮**）。

信仰心の大切さ

まず、私が博士に指導された時に感じましたのは、表現が非常にやさしく、分かりやすいということです。やさしいからといって聞き流してはならないと感じました。

モラロジーは学説として体系だてられたものですから、やや難しい表現がなされています。しかし、博士が最高道徳を説かれる場合には、たいへんやさしい表現をされ、さらに実践しやすい道を指導してくださいました。

たとえば、このことは、必ず最初に申し上げることなのですが、最高道徳論には「自我没却」という表現はないのです。モラロジーによって自我（利己心）というものがいけないものであって、今まで自分の心を苦しめてきたのは自我であったということを学びます。つまり、利己的な心は悪いものだということがお分かりになったならば、それでいいのです。そして、実践に移ろうという時には、すでに利己心はないのです。つまり、「最高道徳」とは、なんとかして人様を大事にさせていただこうというところから出発するのです。心の底から人様の幸せを祈ることができるようになった時に、自我は没却され「至誠慈悲」の精神になっているのです。

「至誠慈悲」とは人様の幸せを心から祈る精神

資料 ⑮　富岳荘の門札

と行為です。そして、この心を人様にお伝えしたいと思った時、すでに人心の開発救済になっているのです。すなわち、すでに最高道徳の教えに従った具体的な姿です。

そして、広池博士の申された言葉の中でたいへん印象深く残っていますのは、神の心とか、神の力というものを信じなさいということです。たとえば、ここに博士の申されたことを筆記したものがあります。「神（天地自然の法則・因果律）を宗教的（人格的）に信じて初めて真に最高道徳の実行（人心救済）に入ることができるのである」と書かれています。

そして、さらに、「神仏の御心（お力）を真に信じて（人格的に）初めて祈願することができる、すなわち申し上げたらお聞き届けくださるという心が大切にて、従来のお頼み信心とは異なっている。神様仏様の御心となり、お手伝いをという心が大切である」と注記されています。これは晩年に至って（昭和十二年五月）、将来モラロジーを背負っていく幹部の方々に対して、諄々と神様の御心、神様のお力を信頼することを説かれたものです。

また「モラロジーによる神に対しての信仰的精神作用（最高道徳心）」という題の原稿には、次のように記されています。

一、人間が、自分の生まれ出でた本は宇宙であって、これが我身の本親であるということが分かって、その恩を思い、これを神として拝むという心のできた時には、それが我れより上のものを尊敬するという心に自らなりて、これによりて低い心が自らできて、素直に天地の法則すなわち神の心を基とした道徳の実行ができるのである。

二、右の精神となりて、これを実行する時には、自己の学力、智力、金力、権力、体力などは小さいものと見えるようになるので、高慢、我慢が減じて、自己の品性は大分神に近寄ったのであるのです。

三、次に神の心に同化して、神の心、神の行ないを自分の心、自己の行ないにしようというようになれば、自分が今まで自分の拝んだ神と一心同体になるのであるから、全く自己というもの棄てたことになるのである。

右の心のできた時、これを大悟徹底といい、泰然自若として公平無私、神とともにという心となりて神のお手伝い、すなわち人心救済をなして積善の本をつくりて、万世不朽となるのである。そこで、もう一言すれば、我々が真に神を認めて真の宗教的（最高道徳心すなわち人心救済心）とならねば、ただモラロジーを知っただけとなりて運命を開く所の最高道徳とはならぬのである。

このお言葉も晩年のものです。「拝む心」とか、「神の心に同化する」という精神が運命を開く要《かなめ》であるということを繰り返し説かれているのです。

以上紹介しました二つの遺稿は、私たちに正しい意味での「信仰心」を抱かせ、なんとかして慈悲の心を育んでいただきたいという意志が込められています。さらに、一枚の博士の書かれた原稿があります。これは床に寝て書かれたものです。ここには、「神様の慈悲・至誠の精神、御心と一致せねばならぬのであります。各自が助かる道は、全くこれしかないのであります」とあります。このことを分かっていただきたいために、四千ページ余の原典を書かれたのです。

「最高道徳」とは

「最高道徳」と博士が称されたものは、あらゆる聖人の教えを集結し、宇宙の大真理を表現したものなのです。信仰ではないとか、宗教ではないとかいうことにとらわれている方がいらっしゃいますが、最高道徳とはそのようなレベルの問題ではないのです。このようなことを言っていたのでは、最高道徳を理解することはほど遠いのです。

博士の日常生活を拝見していますと「大僧正」という表現が最もぴったりしています。一文字書くのにも、一枚の紙を手にするのにも、お風呂に入るのも、お食事をいただくのも拝礼してからなさっていました。お食事が終わると、「これで神様、仏様のお手伝いをさせていただくことができます」と言って拝礼されていました。原典のすべてがこのような精神で書かれています。ですから、私たちはよほどしっかりした精神を持って読ませていただかないと、その博士の心に応えることができません。いいかげんな気持ちで原典を読んだとしても、そこに含蓄されている最高道徳の真理、言外の真理に気づくことはできません。博士の魂は、皆様の心の中に生きているのです。その魂をどのようにしたら生かすことができるのか、ということを真剣に考えていかなければなりません。その博士の魂を生かしていくためには「至誠」が必要です。

至誠と祈り

神様の慈悲を私たちが実行しようとする時、「至誠」の心が加わって初めて慈悲の心に生命が宿るのです。よって「至誠慈悲」というのです。では「至誠」とはなんであるかというと、それは、先ほど申し上げた「祈り」の心と不可分のものです。「信仰心」と言い換えることができます。このことについて、晩年、博士は、「モラロジーを学び心が最高道徳にだんだんと向いてくると、だれでもすぐに言葉に出すのは『至誠慈悲で何事もさせていただきます』ということである。この『至誠慈悲』は神意そのものにして、その内容は純粋なる神、仏の心に本づいた何ものも育て上げる祈りの心づかいにて、言い換えれば真の信仰心であるのです。最高道徳心といってもよいのである。諸氏は信仰という詞《ことば》を避けて、学問である、信仰ではないと直ちに人々に言う。しかしモラロジーは天地自然の法則を説き、それを科学的に証明したものであるが、それは実は信仰心を説いているのである。このことを解らねば、最高道徳にはならぬことをよく知って、情理の渾然一体の解説が大切である。情は最高道徳心、理は右を証明している学説である」と申されました。

そして、この「祈りの心づかい」を第三者がみた場合「信仰」といいます。本人は「ただいまから神様を信仰します」とは言わないでしょう。「神様にお祈りをします」「神様にお願いをします」と言うのです。博士は原典の一文字一文字すべて祈りつつ書かれたのです。ですから、私たちにその博士の祈りの心を感じとろうという至誠、つまり「祈りの心」がなければ、原典に示された深遠な真理は分からないのです。

ここに一枚の博士の書かれた原稿があります。「知的ではだめ」と書かれてあります。そして、続けて「人様を幸せにしたいという心づかいに信仰心が入らなかったならば真の道徳とはならない」とあります。このように、広池博士は常に「祈り」の心が大切であると申されていました。また座談会などで当番をいただいた時などは、どうかここに集まっていただいた方に分かっていただきたいという祈りを込めてお話をしなさいと指導されました。さらに「自分の過去累代の義務弁償の精神で、命をかけ魂を打ち込んでお話ししなさいよ」と幹部の研修会でおっしゃいました。大講堂で本科生や別科生に対して講話をされる場合にはモラロジーの理論もお話しされましたが、幹部の研修会の時には理論的なことよりも、「祈りの心」を中心として「最高道徳」の真髄を諄々と説かれていました。

天地自然の法則と「自己反省」

ご承知のように、モラロジーは雄大な天地自然の法則を学問の体系に表わしたものです。天地自然の法則とはなんであるかというと、「平均と調和」に向けて不断に働いている法則です。その法則を「因果律」といいます。その因果律は「平均と調和」を目的とした運動なのです。これを人間社会に当てはめていうならば「円満と平和」です。自然界の力は不断に万物を生成化育していますが、これを人間社会に当てはめて言うならば、それは「人心の救済」となります。「慈悲寛大」というのは、すべてのものに感謝する心、すべてのものを大切にする心、すべてのものを育てあげる心、すべてのものを愛する心、そして、あらゆるものの平和を祈る心です。

しかし、私たちは、ややもすると利己的な本能によって、この「慈悲寛大」の心が遠ざかってしまいがちです。利己的な本能とは、好き嫌いと損得の心です。この心で物事を判断してしまいます。この利己的な心はよくないと知ってはいても、なかなか取り去ることのできるものではありません。そこで「自己反省」が必要となるのです。ですから、博士は「自己反省」ということの説明をたいへん力を入れて話されていました。

皆様は、神様という言葉をよく使っていらっしゃいますが、もっと「仏様」という言葉も使っていただきたいと思います。「神仏は異名同種である」と博士は申されていました。表面的に見れば神様と仏様とは別ものです。しかし、その根源にさかのぼっていけば同じものであるというのです。その本体は何かというと「宇宙」であるとおっしゃっていました。

そして、ご存じのように、「神」のことを博士は「宇宙根本唯一の神」と称していました。神様は一つしかないとおっしゃっているのです。しかし、世の中には何千という神社・仏閣があります。どの神社・仏閣を通しても、天地自然の法則、すなわち「宇宙根本唯一の神」を拝すればよいとしています。さらにいえば天井の板でも、茶碗でもよいのです。でも板や茶碗では信仰するという心が湧いてきません。しかし、広池博士が住まわれた部屋の天井板、博士のお使いになった茶碗ということになれば別です。たとえ板一枚でも茶碗でも、大切にするでしょう。

このように、私たちは思い方、考え方によって尊いものとなったり、尊くないものとなったりするのです。すると、私たちの精神作用というものがいかに大事であるかということになります。この精神作用がどのような方向に向いているかということが大切なのです。その方向を知るのが「自己反省」なのです。そのためには、神の心を私たちに伝えてくれたところの「伝統」の心を知らなければなりません、そして、「伝統」の心に適っているか否か、もし適っていなかったならば、なんとしても適うように努力をしていくことが、広池博士のいう「自己反省」です。

神仏

宇宙は、万物を生成化育するところの、測り知れないほどの大きな慈悲と愛情を持っているのです。そして、その宇宙の法則とは進化と退化の二つの法則によって成り立っています。仏教的にいうならば極楽と地獄です。そして、あなたはどちらの道を選択しますかと問いかけているのです。当然進化することを望み、極楽を選ぶでしょう。では進化し極楽へ行くのには、どのようにしたらばよいかということを博士は説いているのです。

そのためには精神作用ということのみでは不十分です。そこに行為が伴っていなければなりません。その行為とは、すべて人心救済の心によって支えられたものでなくてはなりません。自分さえよければという行為もあります。しかし、私たちは神様の心に同化して行為していくのですから、すべての行為が神様、仏様のお手伝いということになります。行為とは、周りの人の幸せを祈る精神によって動機づけられたものでなくてはならないのです。言い換えれば、私たちはすべての行為を通して、神様、仏様の心をお伝えしていかなければなりません。このことができなければ開運という道を通ることはできませんし、進化・発展という道を歩むこともできません。

人様のことに心を砕き、救済するという心と行為がなければ、尊敬されることはないでしょう。この尊敬されるということは、「徳」があるということです。さらに言い換えるならば「人爵」ということです。そうしますと、人様を幸せにしたいという精神作用と行為は「天爵」に当たり、この精神作用と行為に努めること、すなわち

「最高道徳の実行」が「天爵を修める」ということなのです。「天爵を修めて人爵これに従う」とはこのことです。

ここで、もう少し神仏のことについて申し上げます。進化・退化の法則であるということは先ほど申し上げました。さらに言い換えると、この二つの法則を司《つかさど》っているのが神様であり、仏様であるのです。私たちは「自然の法則様、どうぞお守りくださ い」とは言いません。必ず、「神様、仏様どうかお守りください」と祈るのです。なぜお祈りするのかというと、そこに厳然とした自然の法則、すなわち因果律が存在するからです。善因善果、悪因悪果の因果律があると認めたから祈るのです。

幼い頃から「そんなことをしたら罰が当たりますよ、そういうことをすればお守りがありますよ」と聞かされているでしょう。幼い頃から天地自然の大法則の存在を知らされているのです。このように、私たちは小さい頃から因果の法則を教えられていたのですが、ともすると悪因悪果のほうばかりが強調されていました。善因善果の方面がおろそかになってしまったのです。

広池博士を偲ぶ

「最高道徳」の最高とはなんでしょう。皆様は「普通道徳」に対する「最高道徳」と考えていらっしゃるでしょう。博士の原稿には、「最高」とは神意もしくは天地自然の法則であります、「道」とは天の道、神様のお手伝いをする道のことです、そして、「徳」は慈悲の意味です、と書かれています。この原稿は大講堂や谷川などでお話しされる時に手に持っていらっしゃった原稿の中に書かれているのです。

このような真理を、一人でも多くの人になんとかして分かっていただきたいと念願して、博士はご苦心にご苦心を重ねて原典を執筆されました。痩せ細った手を合わせて祈り、書生に抱えられながら静かに筆を執る博士の姿を想像してみてください。

床に入っていらっしゃっても、『論文』の第何章第何項第何節のどこどこが少し言葉が足りない、もう少し書き足さなくてはならない。いついつ発行したところの書物のどこどこの説明が少し足りないので……、と言って常に加筆・訂正を繰り返されていました。そして、博士の書かれた原稿を私は清書して本部の広池千英先生宛に急送します。

博士は、あれほど膨大な『論文』の何ページの何行目が、時代の動向とかみ合っていないのではないか、ということを常にお考えになっていました。博士は原典のすべてにわたって、どのページの何行目の表現が不十分であるとか、字がまちがっているとか実に克明に記憶されていました。これはとても人間業とは思えませんでした。原稿を書かれている時に、「八十何枚目を開きない、そこの何行目に書き足したいから原稿を開きなさい」というような指示を何度となくなされました。ずっと以前に書かれた原稿であっても、まるで先ほど書いたかのように訂正をされるのです。

なぜそのようなことができたのでしょうか。それはなんとしても皆様を救わなければならないという慈悲の心です。つまり時代はどんどん変化していきます。その時代の変化に対応して救済していくためには、一刻の猶予もなく加筆・訂正の必要があったのです。時代は発展し、知識は進歩していく、それに伴って道徳心が進歩していかなければ真の平和、真の幸せは招来できない、と考えられていました。このように時代の発展、知識の進歩に伴う道徳の進化を、博士は常に念頭におかれていました。したがって常に加筆・訂正が余儀なくされたのです。博士の人心救済に対するすさまじいままでの意志をうかがうことができます。

皆様は、この祈りの心が原典の端々に込められているということを自覚し、それを腹の底にしっかりと据えなければ、本当の最高道徳の深遠な真理は分からないと思います。博士は、今もこの部屋に来られて皆様を見守っていらっしゃいます。お体は亡くなられたのですが、その心は生きています。至誠慈悲のある人の側には必ず行って指導しています。間違いのないように自己反省を促しています。このような信念がなければ博士の門人にはなれませんし、「ＭＣ」のバッジをつける資格もないのです。

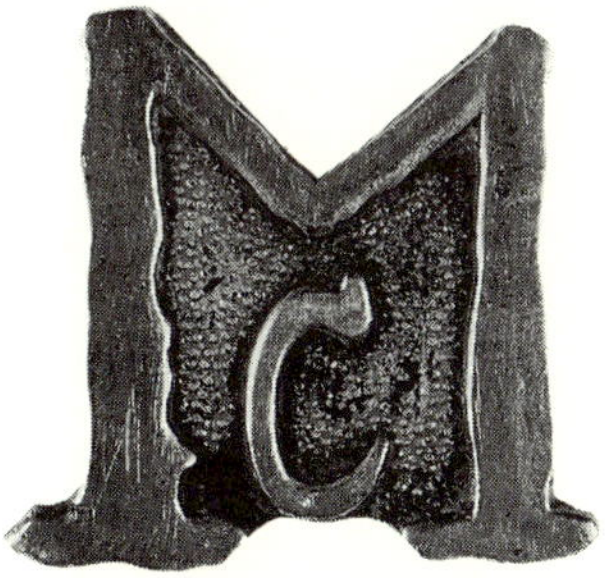

MC バッジ

「ＭＣ」のバッジを作られる時、博士はその図案を自ら書かれ、それを麗澤館の神壇にお供えして、長い長いお祈りをして、それを記章を作るところへ持っていって、でき上がった時に、そのバッジを持って大講堂で「これを私だと思って胸に付けてください」とおっしゃいました。このバッジには、博士の「どうか幸せになってください」という祈りが込められているのです。バッジを胸に付けたならば、博士がいつも側にいてくださる、お力を貸してくださるという確信を抱かなくては、本当の博士の門人にはなれません。

モラロジーは学問です。しかし、形式にとらわれ、単に理論を弄《もてあそ》ぶような態度で接してはならないのです。宇宙の大真理を説き明かし、博士の人心救済の悲願の込められたものであるということを忘れてはならないのです。モラロジーとは、洋々たる雄大な宇宙の真理を説き明かしたものです。私たちは自然界における生物の中の人間という存在にすぎないのです。とするならば、宇宙自然の法則に従うのは当然であるのです。その宇宙自然の法則に従うにはどうすればよいのか、ということを分かるようにしてくださったのが広池博士なのです。

私たちは目に見えない無から出て、また無に戻っていくのです。私もこれだけ病気を抱えておりますので、やがて自然界の幽界に帰っていきます。魂になってもがんばるつもりです。この教えに接した以上、霊魂不滅の原理に従って魂になってもがんばらなければならないのです。博士の魂は脈々として生きているのです。このことは博士の墓地をお参りした時にじっくりと心にしみわたったことと思います。ステッキを

大講堂から麗澤館へ向かう道を歩む後ろ姿の広池博士（中央）

ついて歩かれている博士の姿を偲ばれたことと思います。

皆様は本部のことを聖地と呼んでいます。博士は本部のことを「最高道徳の霊場」と言われていました。また当時、塾生に対してなんと言ったかと申しますと「地方から学園に来たならば、わしの手の平の上に載ったつもりで園内を歩きなさいよ」とおっしゃいました。皆様は広池博士の手の平の上を歩くという心で博士の慈悲、愛情を感じつつ、園内を歩きましたか。ただ道路だと思って歩いたのではだめです。幸せになってくださいね、立派になってください、世界の平和に貢献するようなことに努力してくださいと呼びかけていただいている声が聞こえましたか。

雑司ヶ谷の墓地から学園の墓地に博士のご遺体が移された時、博士のお棺を見て、私はおもわず「先生、お帰りなさい」と声を出してしまいました。「うん、帰って来たぞ」という言葉が聞こえたように思いました。私は広池博士が死んでいるとは思っていません。博士は学園に帰って来られて私たちを見守っていてくれるのです。このような精神を忘却してしまったのでは、何年努力しても何もなりません。

まとめ ―― 幹部への期待

晩年の広池博士が最も気がかりであったことは、モラロジーの団体の将来でした。団体ができれば、当然のこととして先輩と後輩という人間関係ができ上がります。組織である以上、上に立つ人ができるのです。そこで、この上に立つ人を正しく導かなくては、とお考えでした。晩年に幹部や講師に対する教訓を訓示されているのは、このためです。

このことは、言い換えれば、なんのために何年も何年もモラロジーをやっているのかということです。「新しいうちは一生懸命やるが、だんだん古くなると元に戻ってしまう」とおっしゃったことがあります。「元に戻る」とは、利己的な本能の虜《とりこ》になってしまうということです。「おれがやってやったのだ」「おれが先輩だ」という傲慢な精神となってしまうのです。「高慢とは己が己を侮辱していることである。私は馬鹿であるということを人に示していることである。精神のできていない者、小心者、不相応な肩書をもらった者、このような者はいつも肩をいからせ、かえって運命を閉ざしてしまっている者がある」と指導されたことがありました。

さらに、「一時、幹部とか、役員とかに引き上げらるることあるも、さて、いよいよ檜《ひのき》舞台に上る暁《あかつき》には、その多年の陋劣《ろうれつ》にして、人を欺きし精神が表に表われて、あるいは自らちょっとした事に不平を起こして、我々は立派な生活のできる人間である、然るに何のためにかかる苦しき事をなすかというような心使いをなし、過去の助けられた大恩を忘れて暴言を吐き、あるいは自分に預かった事業上の一切を独占しようとして、他を排斥するなどの手段に出て、あるいは伝統の権力の範囲にまで自分の意見や腕を入れようとするなど、末恐ろしき人物と思わるるような事をなし、遂に何れも早晩上下の信用を失い、遂に顛落《てんらく》に至るのです」と厳訓を示されています。

そして、「幹部の方々は、だんだんと実行が進んで、人格が神様よりいただけるようになると、いろいろと困難なこと、せっかくの思いやりの努力も反対にとられたり、不満を持たれたり、また批判され、非難されたりする。ここが真の最高道徳者たる大事な反省の期である。最高道徳的人格がついてくると、人災には遭います。周囲はすべて利己心であるので、自己の損得により事物を判断して、人心救済の必要性を強調しても、利己心の人には解らぬ。よってこれらの人より非難されるのである、すなわち人災である。しかし、神様はしっかりと観てくださり、御守護をくださいますことを確信してくだされ。最高道徳者は天災には決して遭いません。『仁者必ず勇あり』です。この点は真の知徳一体で頼みます。そして、まず諸氏が真の幸せになることです」（昭和十二年五月十五日、広島の畑寿郎氏宅にて、幹部数名に対しての言葉）と指導されていました。十分に吟味しなければならないお言葉であると思います。

付録　広池博士の言葉

以下、随行中に記録しました広池博士のお言葉を収録いたします。

㈠幹部の資格

すべてモラロジーの講義、講演、演説もしくは談話中に「私はこう思います」とか、「私はかように考えさせて頂きます」とか、「させて頂きます」とか、「これはこうでありましょう」とか、「これは多分（蓋《けだ》しというも同じ）こうでしょう」などいう詞《ことば》を使用するは、因襲的道徳にまでおける偽りの謙詞にして、全く利己的本能からの自我の発現なり。故にかかる言辞を弄《ろう》する人の講義、講演、演説は生命なく人心に徹底せず、皆聴者の耳より入り耳より抜けてしまうなり。

古き哲学や倫理学と異なり、聖人正統の教学と真正の科学とには誤りなし。故にこれを陳述するに形式的に謙遜も蓋然《がいぜん》《パーハップス》的言語も共に必要なし。この場合すべて低き真の謙遜の心、柔らかき思いやりの心、温かき慈悲の心、何とかして人の心を助けたいと思う真の至誠の心をもって、一にも二にもことごとく神様にもたれて、神様の智恵（モラロジー）の光、即ち慈悲（最高道徳）の光の中に入り込んで、そのご守護のもとに生くる心持ちになり、自分の用うる詞は真にやさしく、その説くところの意味は厳格に断々乎として、モラロジーの原理すなわち最高道徳の法則をあるがままに正統的に（天地の法則として）説き去り、説き来りて、人心に貫徹するを期すべし。これまた「仁者必ず勇あり」の教えに適合するなり。かかる人にあらざれば幹部となる資格なし。

（昭和十一年月日不詳）

㈡信仰心の大切さ

神を宗教的に信じて、最高道徳を実行するものならでは真の幸福なし。

〈原注〉宗教心は、その人の心を真の人間らしくやわらかくする。これ人望の本なり。モラロジーを真に理解でき、これを実行に移すところの心使いは、信仰心によりて初めて最高道徳となるものなり。

本節には、極めて実際的な、痛切な吾人の幸福の基礎ともなるべき原理を一つ述べさせて頂きます。それは既記のごとくに宗教を信じておる御方はもちろん、従来宗教を信じた事なき御方も、何か一つ宗教を信ずる事は幸福享受上、必要と存じます。

しこうして、その信ずる宗教はその教理が強くして弊害のあるくらいなのが、多少学問、知識および地位を有し、かつ伝統的道徳を実行し来たれるものには必要であります。そうでなくてはこの人々は真に改心（更生）できません。その人々が少々モラロジーおよび最高道徳を知的に聴き流し、もしくは少々これを実行したくらいでは、真の改心（更生）をなして、新たなる幸福の暁光《ぎょうこう》を見るなどはできません。かつ宗教の信仰というものに対しては、万人皆賛成するような事はありません。その間に立って信仰する心が、人間の神に対する至誠であるという事もできますから、すべての人が宗教の信仰をなす事は必要であります。至誠慈悲の出ずるは、この信仰心からであります。信仰をなす人の心は、必ず純真なる心の持ち主であるのです。

　かくのごとくに、或《あ》る宗教を信仰せしものが一たびこのモラロジーを学び、真の宗教すなわち最高道徳を真に受けとめて、これを基礎にして実行体得して、右の信仰心との調和を致したならば、幸福享受のうえから見て、実に理想的であります。ただ従来の宗教の一宗一派の信仰より深遠広大なる宇宙の大法則を得信するのは難しき事のごとくあれど、その人の神仏に対する考え方と徳とによりて、また容易に変化もあり得るので、そのような人がモラロジーおよび最高道徳を聞き入り、実行なさば、その効果は偉大なるものがあります。そこで最高道徳の実行なき信仰は取らぬのであります。道徳と信仰（道徳心と宗教心）は一体両面のものなり。

さて、今私はすべての人々の幸福を希《こいねが》うために、この一つの注意を述べたのでありま す。そこでモラロジーおよび最高道徳は全聖人の教説、教訓、実行を包含して、その根本を基礎としているものにて、宗教に属するものでなく、哲学・科学・道徳・宗教を包含して、天地自然の法則を合理的に説明せしものにして、その本質は教育的であるのです。故に一つの宇宙の大法則を人類に理解できるように、右の法則をあえて章別に分ち、学問としてまず知的理解を促してあるのであります。ここが従来の宗教と異なったところであり、理をもってまず開発し、情をもってこれを救済し、もって双方の調和のもとに幸福が成就されるとしたのであります。そして、理を駆使する原動力は信仰心であるのです。

㈢最高道徳実行上の標準

〈原注〉これは相手方の道徳、品性の程度によりて異なるのです。

一、モラロジーの研究者、最高道徳の実行者に対しては、こちらは心も形も最高道徳的たることはもちろんなり。

二、心は利己的にして、形は正義を標準とするいわゆる普通道徳者に対しては、こちらの心は真の慈悲にあるも、形の上は多少斟酌《しんしゃく》をなす必要あるべし。たとえば、こちらも相当の沈黙、威厳、愛嬌などの使用も必要なり。よく相手に合わせ方便をもって相手の心に安心と信頼感を持ってもらうことも実行上の要件である。

三、正義（普通道徳）以下の不徳者に対しては、我が心はあくまで慈悲、即ち最高道徳的たるも形は正義にて律すること。ただし、それもでき得るだけは寛大、宥恕《ゆうじょ》、譲歩すべきことなれど、正当防衛の手段は極めて敏捷《びんしょう》かつ緻密にして機先を制することを要す。

四、最高道徳の心、行ないあるも、思慮、材智、勇気、胆力乏しくして、自己の存在の危うき人に対しては、勉めて正義（慈悲を含む）の観念を涵養する目的をもって、これを鼓舞、誘掖《ゆうえき》し、陰に陽に愛護すること。

五、最高道徳もしくは自分の信仰の容れられざることや、場合においては、心だけを最高道徳もしくは信仰を維持し、こちらの慈悲、真実心にて、その環境を感化し、自然にこちらの道徳もしくは信仰を貫徹する信念と行動をもって終始すること。

昭憲皇太后の御歌に「器には従いながら、巌をも通すは水の力なりけり」とある通りにすること。

右の御歌の御意をモラロジーおよび最高道徳にて深く理解をさせていただき、至誠慈悲の心、行ないは必ず何ものも貫徹して大成できるなり。

㈣超越科学

一、科学を超越したご利益《りやく》なくば宗教にあらず。最高道徳は超越科学のご利益あり。開運の効なきを、その宗教のためなりと思うごときは愚者の信仰なり。モラロジーの最高道徳でなくば何ものも救えず、救われず。

モラロジーを基台（基礎）とした信仰心（低い、やさしい、やわらかい、人を助けたいの心は信仰心より生じるなり）でなくば、諸事成就せず。特に心の真の更生はできぬのである。モラロジーを真に理解し、神意に通達するには最高道徳的信仰（人心救済心・贖罪心）、自ら運命の責めを負うところの心使い、既成信仰の自己の福を祈るのみとは、格段の差をもったところの一視同仁、万物生成化育の信仰的精神作用が神意に適って進化するのである。他にはなし。

一、真の信仰心の威力（私の大正元年の大病とその後の事実）

形のうえの治療、養生にては守護なし。私の明治三十七年の大病のときは至れり尽くせりの治療、養生であったが、再び八年目に大病になれり。真に形のうえだけでは運命は開かぬことを悟り、神意を悟りて神意の実現に命を献げて一分の隙なく、人心救済への心に燃え、今日を致せり。

至誠慈悲の精神作用即ち人を救いたいという一途の心行は奇跡のごとき霊験（御守護）あり。正に超越科学の効を奏す。

㈤最高道徳実行によるところの慈悲心の力は自然界にも感動を与えるものなり

人心を救済せんとする人間の真の慈悲心は、自分の心を他人にこれを移して、これを更生（改心）さするのみならず、その慈悲至誠の力は、他人の肉体に感動を与えてこれを直し、かつ自然界にまで感動を与えて、その現象の変化を起こさしむに至るのである。一粒万倍とか、無より有を生ず、奇跡のごとき、現象に一大進化の現われを示すこと歴然として存在している事実を直視せよ。

㈥神を信じ神の心になる

世の中には神を認めぬとか、神はいないとかいう輩《やから》が何人かいるが、これらの人も困ってくると必ず神仏に助けを求める。いわゆる困った時の神だのみという式のもので、実は誰でも神を信じているのである。人間は神に接したことはない。しかし、自然界の空間に存在していることは、なんとなく心のすみで信じているのである。この観念をより高く確実に、人間の心に頷《うなず》かせたのがモラロジーである。

従来の因襲的道徳で言われ伝えられてきた、誰でも知っている言葉に、「そんなことをしたら罰があたりますよ」とか、「善いことをしましたね、神様のお守りがありますよ」とあります。これで神の本質は言い尽くされています。ただ科学的論証がなかったので、何かの出来事に遭わねば、その心は起きなかった。ここでモラロジーは森羅万象すべての現象の奥に、神が偉大なるエネルギーをもって厳存していることを、原因と結果の法則を明らかにすることにより示し、神を信じ、神の心になることの重要性を説いている。

（昭和十二年五月、博多にての記録より）

㈦神意に従う

聖人は皆神を信じて、その神意の通りに実行されたのであります。今回のモラロジーは右の実行されたる事跡を開明して、これを学問的体系にして、人間社会にあてはめて進化幸福となる者と退化滅亡する者とを科学的に証明して、まず知的に神意（天地の法則）を純粋正統の学問として認識して頂き、知徳一体でなければならぬことを確信して頂き、我々が天地の公道（神意）に合しなければならぬことを自覚して頂きまして、これが精神の中に働き、行為となりて現われた時、これを道徳（最高道徳）というのである。この学統、道統を合わせて教えてくださったのが精神伝統であるのです。故にこの精神伝統の教えの通りに従って我々が実行せし時、天地自然の法則

（神意）に従ったということになるのです。

㈧道徳的感情

モラロジーにて、学問的（科学的）最高道徳の実質を説く場合には、聖人の説かれたる神の心を天地の法則、もしくは天地自然の法則、または本体、実在、絶対神という表現をして、天地万象の循環運行の実相をもって、天地の法則として述べますが、論が進んで最高道徳の実践論に入りますと、天地の法則を神意と表現し、また神の御心に適うという聖人の申したところの観念となりて、天地自然の法則を尊い神の御心という道徳的感情にもとづいた信仰的心境となり、ここにはじめて無形の法則に対する信念ができるのである。

㈨神　仏

一、従来の教えは、ただ神仏もしくは聖人を拝み、これに向かって福を祈るのみにて、道徳の要素に乏し。故に効能なし、たとえあっても少なし。

一、今回の最高道徳は、自ら神仏もしくは聖人となって自然の法則に合する心使いをなす。故に必ず開運して、永久の幸福あり。

一、自分が神仏となるのであるから、自分の心の籠《こも》った神様が家になければ、それは高慢の神、偽の神であって、人の上に立ち得る神でない。

(十)モラロジー、最高道徳実行の究竟的本質

モラロジーは最新科学の原理にもとづき、行為の原動力たる精神作用に重きを置く。故にその最高道徳実行者の態度は外部の人と異ならざれども、その内面においてはいかなる場合にも、最高道徳にもとづけるところの智徳一体、情理円満、元亨利貞の原理のうえに立てる慈悲寛大自己反省の心使いをなしつつ、たとい土を食い、水を飲みても孜孜として伝統に奉仕して、純粋正統の学問（モラロジー）、聖人正統の教え（最高道徳）にもとづける人心の開発救済をなし、もって世界の永遠の平和の実現に貢献すべしとの決心を有して、渝《かわ》ることなし。この心使いは人間各自の主観的なる

安心と平和とを先ず実現し（先ず、心に安定を得ることによりて成長するのである）、この心使いの累積ならびにこの心使いにもとづく行為の累積は、ついに具体的に自己の真の幸福を実現し得るに至るのであります。

予の過去四十年間の精神的ならびに具体的実生活は、実にこれによりて今日（昭和十二年）を致せるものなり。私の真の姿（身心共に）神意を体した親心が、真の安心と幸福である。最高道徳の法則の上より観る事。

真の幸福感は神の心となり人を育てあげたる時に真に得ることが出来る。即ち人心救済の尊さと喜びを痛感せし時、真の幸福感あり。

右は真の信仰心によりてはじめて実行として我にかえるなり。（昭和十二年）

㈩自我を没却して神意に同化する

自我を没却して神意に同化という事は、神意は広大無辺にて一寸には計り難く候えども、精神伝統が神意の表現に御座候えば、私達はこの精神伝統に同化していけば、神意に同化となる、と存じ候につき、その精神より伝統に服従をなす覚悟にてとかように認め候。
○伝統に真に服従させて頂きます。
○至誠慈悲の体得に向かって進まして頂きます。
○でき得る限り人心の開発、救済に努力つかまつります。
上　謹んで宣誓つかまつります。

㈢信仰についての重要訓

モラロジーを学び、心が最高道徳にだんだんと向いてくると、誰でもがすぐに言葉に出すのは「至誠慈悲」で何事もさせて頂きますという。この至誠慈悲は神意そのものにて、その内容は純粋なる神仏の御心にもとづいた、何ものも育て上ぐる祈りの心使いにて、いいかえれば、真の信仰心であるのです。最高道徳心といってもよいのである。諸氏は信仰という詞をさけて、学問である、信仰ではない、宗教ではないと、直ちに人々にいうが、モラロジーは天地自然の法則を説き、これを科学的に証明しているが、それは正しき知識にもとづく真の信仰心を実は説いているので、モラロジーにこの信仰心（祈り）が加わって最高道徳となることが解らねば、真の最高道徳（神意）実行にはならぬことをよく知って、情・理の渾然一体の解説が大切である。ここでモラロジーでいう、人心の開発（理）救済（情）ができて、積善・積徳の天道を進むことができるので、神意（慈悲）を人々の心に伝えるのは感化力、即ち祈りであるのです。天地の全法則の中に厳存する因果律を真に知って、この真理を人々に真に伝えることが要《かなめ》にて、神仏にお祈りして、お願いする心、行いを客観的に表現する時、信仰心の深い人という。

〈原注〉主観的には、祈り、お願いにてこれを客観的に表現すると信仰心という

㈢精神伝統の心

私がモラルサイエンス（モラロジー）を発願し、その第一筆を印《しる》せし時の私の心境を思いて下され……。大病のなかにあって、死と対面しながらも、世界の人類の真の平和実現のために、全霊をかたむけて、神意に向かって祈りつつ、願いつつ、誓いつつ、全生命を一文字一文字に打ち込んでまいりました。

完成の上に、果して世の諸人が読んでくれるのか、そして実行してくれるのか否かもわからぬなかにあって、ひたすら神を信じ（因果律を信じ）、その御心に同化して神の御加護を賜りながら（神仏の霊験を得て、その力にて成就せり）、人間の限界を超えた御力を拝借させて頂きまして、努力を重ね、今日を致しました。

この私の長い苦難の道（事跡）を直視して、これを原点（もと）として原典（『論文』）を真に天地の法則として総合的に理解し、実行して、原典の深遠なる奥義に通達し、悟り入りて、御努力を重ねられたし。

尚、今後原典の表現法は時代の進歩、変遷と共に、また事物の変化によりてその変更あるも、その内容たる最高道徳は、（神仏の霊験を得て、その力にて成就せり）神の法則、天地の公法則にして、不動、不変、不朽であることを、しっかりと腹（こころ）に入れて、神意実現のために努力を累積してくだされ。

右に貢献することによりて、自己が真に救わるる事（真理）を悟りて、常に神意（最高道徳）に向かって孜孜とした不断の努力を願います。孜孜とは伝統（精神伝統の心）を中心として努力の意なり。

（昭和十二年五月〜六月、関西・九州旅行中の滞在地で、幹部に対して座談的に話された言葉）

㈣最高道徳の実行

一、聖人（予）の事跡に感激し、その道徳的努力の結果を尊重する。自己が救済されるとは、感激的（信仰的、信仰心）に精神伝統を自分の親と思うまでの心を持つ事。右によって神の心、法則を身近に感受する事を得る。しこうして、最高道徳の実行が容易となる。

一、最高道徳によるところの人心救済（情）は、必ず開発（理）の結果である事を原則とす。いずれに傾いても成就せず。情のみは従来の宗教なり。

（昭和十二年の記録）

㈤モラロジーを学び、最高道徳を実行する要点（研究の基礎として）

一、モラロジーは天地自然の法則即ち進化、退化の二法則を学問的に、科学的に述べている。

一、モラロジーは進化の法則たる最高道徳の価値、効果、偉力を述べている（超越科学）。慈悲寛大自己反省の軸。

一、聖人が何故に聖人となられしや、が解かれている。しこうして、最高道徳の核心は慈悲である、と。ここで天地自然の法則は、神という観念にかわるのである。実行の基礎ができたのである。即ち、見えざる神の法則を信じ、尊いと、崇める心となるのである。これが慈悲に生命力を入るるところの信仰的精神作用（至誠心）であるのです。これがモラロジーでいう人心救済となって偉力を発揮することができる。

言いかえれば、神に対して尊いという感情が信仰となり、慈悲となるのである。慈悲は至誠が加わって動的（生命力）である。

一、感謝という心となり、報恩心が生じて初めて真の道徳に入るのである。万事に対して有難いという心は進歩する。有難いという心の奥には神がいる。

一、伝統報恩も、人心救済も、自己反省も、皆神に対しての信仰の心にて、真の力となる。

(十六)至誠と慈悲

神様の御心は慈悲である。
　これを人間が実行（道徳）するときに至誠心が必要である。至誠は祈りなり。
至誠慈悲の心、行＝人心救済である。
（具体的に、どうぞ〈至誠〉この人が、この家がお幸せに〈慈悲〉と祈る心）
至誠慈悲は情（慈）―救済
右を何故に幸福となるかを説いているのが理（智）―開発
右が渾然一体となって最高道徳の実行となるのである。

祈る心―主観的
信仰心―客観的
　　同義にて立場の相違だけなり。

（昭和十二年教訓）

㈦言外の真理を悟る

一、最高（神意）道（神）徳（慈悲）　万有覆育の慈悲、万物生成化育の慈悲右（覆育）をモラロジーにて、人類社会にて、最高道徳という。その内容は人心の開発救済である。

一、万有覆育の努力（人心救済）の多少によりて幸、不幸、進化、退化が運命となって現われる。これを科学的に実証して示したモラロジー。右創建なされしが精神伝統である。

一、自然界の無形ながら万有を覆育している力（エネルギー）、法則（四囲に平和をもたらすを善、反するものを悪として）、循環しつつ変化させている様相の源を、人間社会にては、神仏の心（天地の法則）と宗教的（人格的）と言いかえて、善を行なう標準、行ないのエネルギー（祈り、信仰心）、天地自然の法則を宇宙根本唯一の神とおきかえる。

道徳実行への信念をつくるには、この天地間に厳存するところの因果律の確認、この循環運行は瞬時たりとも静止なく、宇宙、自然界のすべての事物に及んでいる。必ず進化か、退化かへ止まることなく循環の運動をしている。善を行なえば、必ず幸福となるという事実をしっかりと。この広大、無辺、無形の空間にあって時を刻むごとく動いている。ここをモラロジーは道徳実行の核心として、平均法即ち因果律を科学的に証明して、人間の世界に向かって慈悲を本にした行為しか、進化・幸福はないと断言して、自然科学の原理、精神科学の正しき原理、歴史の事実、社会学的事実にて、世界ただ一つしかない学問を科学的に開示してくださったのが、精神伝統である。この原典を天則に合わせつつ通読して、「深く天道を信じて安心立命す（因果律）」「言外の真理を悟る」にいたることが核である。

㈥天地の法則

一、天地の法則とは、天地自然の法則にして何人も従い、行なわねばならぬ法則であるのです。聖人はこれをもって神（仏）様の御心と申したのであります。しこうしてこれがモラロジーで証明している最高道徳の全部に当るものにて、人類進化の大原則であるのです。

一、天地自然の法則は、進化・退化の二法則の事にて、すべての聖人の教説は皆これに外ならぬのであります。

一、自然界の万象の変化（興亡、盛衰、出滅）は右によりて成っている。

㈨神仏は異名同種

モラロジーにては、神仏は異名同種で神仏の形体はこれを宇宙となす。宇宙とは天地自然の法則にて、その目的は万有を覆育して、その平均と調和とを実現さするにあるのです。平均と調和とは、円満とか平和とか幸福とかをいうので、この万有覆育は、人間社会では人心の開発もしくは救済となる。

さて人間が天地に覆育されたる結果としてはおのずから人間の安心、平和、幸福が実現されねばならぬのであります。即ち、我々人類は、この宇宙間に発生し、且つ生存するものでありますから、我々人類がこの宇宙自然の法則を離れ、人間の利己的本能にもとづく異端の学力、智力、もしくは因襲的道徳をはじめ、自己の権力、金力などを利用して、漫然、事物の状態もしくは人間の地位などを形式的に変化させ、もって自他の安心、平和、幸福を実現し得るものではない事は、何人も承認する事と存じます。ここで、宇宙自然の法則の本質は、平均と調和で、真の法則は因果律であるのです。

右の原因、結果の循環律が、平均と調和を現出して万象の調和、共存、もしくは退化、消滅があるのです。これが自然界の実相であるのです。これで人間の幸、不幸、進化、退化がなされて、いわゆる運命ができ上ってくるのであります。

さて、我々人間が自然の法則により、森羅万象の相互扶助、交換作用等の法則であって、より大きく、より広く、四囲の平和、進化、幸福の増進に貢献せし結果が即ち善因善果となり、この累積が幸福なる処世ができるのである。それが積善の家となり、徳のある人となる。

㈩小事を小事とせず

予過去数十年来、一つの過失なくして、今日に至り候こと。常に小事を小事とせず、慎重むしろ過度の用心をせし結果なり。事起こりて知るは凡人なり。事を未然に知って、之を善処するは神なり。小生、一切神智にもたれ居り候ためなり。

あとがき

以上、この数年間に講話させていただいたものの中から七つを選んで収録させていただきました。病のため出講することができませんので、畑毛記念館に来訪される方々に、在りし日の広池博士のご様子を申し上げ、博士の心をお伝えし、畑毛記念館に来られた方が「自ら道を得て還る」ということを念頭にお話しいたしました。

広池博士は、

予の道徳的事跡を研究することによりて、より高くより深くモラロジーを理解して、最高道徳実行への道徳的なる感情（見えざる自然界の真理、法則を尊いと信じ仰ぐ心、すなわち真の信仰心）を高めることになるのである（わしの苦労がわからなかったら最高道徳的に入れぬ、わからぬ）。予亡きあとは、予の事跡を調べることによりて宇宙自然界の大法則を神の心としてこれを信じ、これを信仰して無我の実行を為して、真の幸福なる人となるのである。

と申され、さらに、

わしの苦労している姿を後世に正しく伝えなさい。そのことによってモラロジーの奥に込められた生命を感得していただける。そのことによってひとりでも多くの人が最高道徳の実行に入っていくことができる。

と言い渡されました。

この言葉を最初に耳にした当時は、その重要さが十分に分かりませんでした。しかし、あれから約六十年の歳月を経て、振り返ってみますと、博士の私たち門人に対する、言葉では言い尽くせないほどの深い慈悲の心を感ぜずにはいられません。

平成六年六月四日

畑毛記念館にて

井出　大（いで・ひろし）

大正６年３月27日、静岡県田方郡函南町畑毛に生まれる。廣池千九郎博士が、明治38年病気療養のため畑毛温泉に滞在されていた時、地元で漢学の塾を開いていた祖父井出登氏が廣池博士に指導をいただいたことが縁となり、昭和11年より廣池博士に師事し、昭和13年６月４日、博士が逝去されるまで側近の書生としてお仕えする。

その後、モラロジー研究所廣池千九郎記念館で廣池博士の遺稿の整理、保存に従事する。モラロジー研究所畑毛記念館主任、モラロジー研究所参与、同社会教育講師を歴任。

平成９年２月７日逝去。

随行記録
廣池千九郎博士の教え

平成　六　年八月十日　初版発行
平成二十六年七月四日　四刷発行

著者　井　出　　大
発行　公益財団法人　モラロジー研究所
〒二七七—八六五四　千葉県柏市光ヶ丘二—一—一
電話　〇四—七一七三—三一五五
発売　学校法人　廣池学園事業部
〒二七七—八六八六　千葉県柏市光ヶ丘二—一—一
電話　〇四—七一七三—三一五八
印刷　横山印刷株式会社

落丁・乱丁本はお取り替え致します。

ISBN 978-4-89639-126-8